基于辅导员视域的工匠精神培育实践

杨徐飞　晁利君　王　需　著

中国纺织出版社有限公司

内 容 提 要

新时期高校辅导员是高校完成"立德树人"根本任务的关键力量，高校要充分发挥辅导员主体作用，不断加强工匠精神的培养，着力构建协同育人机制，从而实现德育要求和育人目标。

本书从学生的实际需要和辅导员的工作实际出发，结合辅导员的日常教育、管理与服务工作，明晰新时期高校辅导员的角色和定位，设计辅导员专业化、职业化的发展道路，将工匠精神切实融入辅导员工作的方方面面，从而帮助辅导员掌握高等教育的有关理论，得心应手地开展工作，帮助大学生认识大学、融入大学，得到自我提升与成长。

本书可作为高等院校辅导员工作用书，也可为相关教育工作者提供参考。

图书在版编目（CIP）数据

基于辅导员视域的工匠精神培育实践/杨徐飞，晁利君，王需著. --北京：中国纺织出版社有限公司，2023.8

ISBN 978-7-5229-1100-7

Ⅰ.①基… Ⅱ.①杨…②晁…③王… Ⅲ.①高等学校－辅导员－工作－研究②高等学校－大学生－职业道德－素质教育－研究 Ⅳ.①G645.1②B822.9

中国国家版本馆 CIP 数据核字（2023）第 192802 号

责任编辑：王 慧 责任校对：汪思飞 责任印制：储志伟

中国纺织出版社有限公司出版发行
地址：北京市朝阳区百子湾东里 A407 号楼 邮政编码：100124
销售电话：010—67004422 传真：010—87155801
http://www.c-textilep.com
中国纺织出版社天猫旗舰店
官方微博 http://weibo.com/2119887771
北京虎彩文化传播有限公司印刷 各地新华书店经销
2023 年 8 月第 1 版第 1 次印刷
开本：787×1092 1/16 印张：7.625
字数：166 千字 定价：98.00 元

凡购本书，如有缺页、倒页、脱页，由本社图书营销中心调换

前　言

在中华民族悠久的历史发展长河中，一代代工匠展现出爱岗敬业的工作态度、精益求精的职业精神和登峰造极的精湛技艺，成为推动社会进步、经济发展的重要力量。现阶段，我国已进入一个新的历史时期，要弘扬工匠精神和劳模精神，营造精益求精的敬业风气和劳动光荣的社会风尚。辅导员工匠精神在新时代高等院校教育的发展中承担着巨大的历史责任，具有十分重要的现实意义。

习近平总书记在全国高校思想政治工作会议上强调，高校思想政治工作关系高校培养什么样的人、如何培养人以及为谁培养人这个根本问题。《普通高等学校辅导员队伍建设规定》（教育部令第43号）中明确规定："辅导员是开展大学生思想政治教育的骨干力量，是高等学校学生日常思想政治教育和管理工作的组织者、实施者、指导者。"因此，党和国家高度重视辅导员的发展及工作成效，辅导员专业化成为高校思想政治工作常讲常新的重要课题，而辅导员工匠精神则成为高校辅导员提升自我的强大推动力。

本书共七章，首先通过梳理辅导员的制度深化与理论基础、工匠精神的传承与时代创新，将工匠精神与辅导员工作进行了有机契合；其次，对国际工匠精神进行了详细讲述，以期从中借鉴他国的成功经验，为我国发展提供帮助；最后，详细阐述了高职院校辅导员的专业化发展、实践过程中的工匠精神培育以及辅导员队伍的建设，表明工匠精神的培育对高职院校辅导员工作发展有着很好的促进意义，将工匠精神融入高职院校辅导员工作和培训的全过程，构建工匠精神滋养高职院校思想政治教育的体系。

鉴于时间仓促和水平有限，书中难免存在纰漏和不足，敬请各位读者批评指正，以期本书能够在日后臻于完善。

本书可作为高职院校辅导员工作过程中工匠精神培育的指导用书。

著者

2023 年 9 月

目　录

第一章

辅导员的制度深化与理论基础

第一节　新时代高校辅导员制度的深化

党的十八大以来，以习近平同志为核心的党中央将立德树人确立为高校的根本任务，把高校思想政治工作作为一项重大政治任务和战略工程来抓，先后召开了全国宣传思想工作会议、全国高校思想政治工作会议和全国教育大会，颁布了一系列重要文件，进一步健全了高校辅导员制度体系，推动高校辅导员队伍建设进入全新发展时期。截至 2021 年 9 月，全国高校专兼职辅导员数量达到 21.87 万，师生比为 1∶171。高校辅导员队伍不断发展壮大，专职为主、专兼结合的队伍架构基本确立，年龄结构、学历结构、知识结构日趋合理，专业水平和职业素养不断提高，先进典型不断涌现，辅导员队伍真正成长为教育引导学生健康成长、维护高校稳定的中坚力量。

一、高校辅导员制度进入新时代

党的十九大报告提出，中国特色社会主义进入了新时期，这是我国发展新的历史方位，也是当前和今后一段时期各项工作开展的宏观环境。新时代，高校辅导员队伍建设顺应着新的发展要求，采取了新的实践举措，呈现出新的发展态势。高校辅导员制度应伴随历史进程不断进步、调整和完善，以推动辅导员队伍更好地落实立德树人根本任务、强化职业发展能力导向、做好宣传思想政治工作，为培养德智体美劳全面发展的社会主义建设者和接班人发挥应有作用。

（一）落实立德树人根本任务

党的十八大以来，我国高等教育围绕坚持立德树人的根本任务，不断加强高校思想政治工作，取得了良好成效。2015 年 1 月，中共中央办公厅、国务院办公厅印发《关于进一步加强和改进新形势下高校宣传思想工作的意见》，要求高校构建全员全过程全方位育人格局，全面落实立德树人根本任务。2016 年 12 月，习近平总书记在全国高校思想政治工作会议上强调立德树人的重要性。这是对高校思想政治工作者，特别是高校辅导员承担的立德树人根本任务的进一步强调。高校辅导员作为开展大学生思想政治教育的骨干力量，在高校思想政治工作中具有独特的地位与作用，如何更好地落实立德树人这一根本任务，是新时代高等教育对高校辅导员的根本要求。

（二）强化职业发展能力导向

随着社会的不断发展，高等教育宏观环境不断变化，推动着高校辅导员这一职业的新发展。从国际环境来看，伴随"东升西降"的发展趋势，百年未有的大变局加速演进，高校思想政治工作面临严峻的外部挑战。从国内形势来看，在以习近平同志为核心的党中央坚强领导下，党和国家事业取得历史性成就，发生历史性变革，人民生活水平和质量普遍提高，国民素质和社会文明程度显著提高，人们对享受更高质量的教育更为期待。从教育管理对象的特点来看，新时代大学生成长发展日益呈现出目标多样化、需求精细化、路径个性化等趋势，对来自辅导员的教育引导和关心关爱有更高期待。同时，随着全媒体时代的到来，数字信息技术、即时通信设备、智能手机产品等新生事物对"网生代"大学生的价值观念和生活方式产生了深刻影响，直接影响到传统德育的主导地位。以上新形势新问题，迫切需要高校辅导员制度的改革创新，以推动高校辅导员进一步提升职业能力和专业素养，准确把握新时代思想政治工作规律、学生成长规律，进一步突出服务学生全面成长成才的目标导向和效果导向，从而更好地培育时代新人。

（三）做好宣传思想政治工作

为促进高校积极贯彻落实会议精神，2015 年 1 月，中共中央办公厅、国务院办公厅印发《关于进一步加强和改进新形势下高校宣传思想工作的意见》。2015 年 9 月，中共中央宣传部和教育部党组联合下发了《关于加强和改进高校宣传思想工作队伍建设的意见》，两个文件从战略和全局的高度，对高校意识形态工作和高校宣传思想工作队伍进行了新的全面部署，明确了高校辅导员在高校宣传思想政治工作中的重要地位和新的工作要求。从加强和改进新形势下高校宣传思想工作队伍的视角来说，高校辅导员制度要立足党中央"四个全面"战略布局的战略高度，系统谋划推进配齐建强工作队伍、提升队伍整体素质、改进加强网宣能力、不断强化实践锻炼、完善激励评价机制等重点任务。

二、高校辅导员制度的深化发展

党的十八大以来，教育部贯彻落实党中央关于新时代高校思想政治工作的系列决策部署，认真总结我国高校辅导员队伍建设的基本经验，及时回应当前辅导员队伍建设面临的新问题，围绕"为什么建设辅导员队伍""建设什么样的辅导员队伍""如何建设辅导员队伍"等问题提出了具有战略性、系统性、针对性、操作性的政策规定，进一步加强了对高校辅导员队伍建设的顶层设计，引领推动高校辅导员队伍内涵发展。

（一）加强顶层设计

2013 年 5 月，教育部制定了《普通高等学校辅导员培训规划（2013—2017 年）》，基本形成了适应高等教育发展需要、符合辅导员成长发展规律的培训框架。2014 年 3 月 25 日，教育部颁布了《高等学校辅导员职业能力标准（暂行）》，成为高校辅导员队伍职业能力的参考准则。2015 年 1 月，中共中央办公厅、国务院办公厅联合印发《关于进一步加强和改进新形势下高校宣传思想工作的意见》。同年 9 月，中共中央宣传部、教育部党组联合印发《关于加强和改进高校宣传思想工作队伍建设的意见》，从高校宣传思想工作战略性基础工程的高度，明确提出了高校辅导员队伍建设的重点任务，即配齐建强工作队伍、提升队伍整体素质、改进加强网宣能力、不断强化实践锻炼、完善激励评价机制等。2016 年 12 月 7 日至 8 日，习近平总书记在全国高校思想政治工作会议上的重要讲话，凸显了以习近平同志为核心的党中央对加强高校辅导员队伍建设的高度重视。

中共中央、国务院印发的《关于加强和改进新形势下高校思想政治工作的意见》，对加强包括辅导员队伍在内的高校思想政治工作队伍建设作出了部署。2017 年 9 月 21 日，教育部颁布《普通高等学校辅导员队伍建设规定》（教育部令第 43 号），进一步明确了高校辅导员队伍的身份角色、工作职责、配备选聘、教育培训、晋升通道和发展方向，成为提升高校辅导员队伍专业水平和职业能力的重要制度安排。2020 年 4 月 8 日，教育部思想政治工作司在 2020 年工作要点中，首次提出了"建立和完善高校专职辅导员职业发展体系和专职辅导员管理岗位（职员等级）晋升制度，明确辅导员岗位晋升的条件、标准、名称和晋升办法"，进一步明确了辅导员管理身份定位和职业发展双通道。2020 年 4 月 22 日，教育部等八部门颁布《关于加快构建高校思想政治工作体系的意见》，提出"学校应当结合实际情况为专职辅导员专设一定比例的正高级专业技术岗位""不得用劳务派遣、人事代理等方式聘用辅导员"，同时进一步完善了兼职辅导员、校外辅导员的选聘、培训、管理、考核制度。以上政策文件和会议精神，为高校辅导员队伍建设提供了根本制度保障，强化了高校辅导员队伍建设的战略定位，促进了高校辅导员队伍建设的可持续发展。

（二）推动专业建设

《普通高等学校辅导员培训规划（2013—2017 年）》提出，"促进辅导员专业化、职业化和可持续发展"，《高等学校辅导员职业能力标准（暂行）》提出，"推动高校辅导员专业化职业化建设"，教育部第 43 号令提出，"不断提高队伍的专业水平和职业能力"。辅导员专业化既是一种发展目标，也是一个长期发展过程，其核心和落脚点就是不断提高辅导员队伍的专业水平。在辅导员队伍专业化目标方面，中央16号文件明确要求包括辅导员在内的所有大学生思想政治教育人员"要成为大学生健康成长的指导者和引路人"，教育部第24号令要求"辅导员应当努力成为学生的人生导师和健康成长的知心朋友"，教育部第43号令进一步表述为"辅导员应当努力成为学生成长成才的人生导师和健康生活的知心朋友"，区分了辅导员与其他教师、管理干部职业定位上的区别，确立了辅导员专业化发展的目标。在辅导员队伍专业化内容方面，教育部第43号令将辅导员的主要工作职责确定为九个方面，构成辅导员专业化的内容体系：一是思想理论教育和价值引领，二是党团和班级建设，三是学风建设，四是学生日常事务管理，五是心理健康教育与咨询工作，六是网络思想政治教育，七是校园危机事件应对，八是职业规划和就业创业指导，九是理论和实践研究。

（三）促进职业发展

辅导员的"职业化"，就是"要使辅导员这支队伍中的主干力量长期地、稳定地成为专门从事大学生思想政治教育和日常管理的专业工作者"。在中央16号文件明确要求高校院系的每个年级"都要按适当比例配备一定数量的专职辅导员"，教育部第24号令明确要求高校"要按师生比不低于1∶200的比例设置本、专科生一线专职辅导员岗位"基础上，教育部第43号令明确高校"应当按总体上师生比不低于1∶200的比例设置辅导员岗位"，强调要"足额配备到位"，并再次强调专职辅导员作为教师队伍和管理队伍的"双重身份"，明确专职辅导员在专业技术职务聘任和管理岗位职级确定上实行"双线晋升"政策，提出在标准和程序上实行特殊的倾斜政策，在专职辅导员专业技术职务评聘上明确提出"单独计划、单独标准、单独评审"的规定。2014年，教育部印发《高等学校辅导员职业能力标准（暂行）》，初步构建了高校辅导员队伍能力的标准体系，通过三个层次划分高校辅导员的职业能力，体现高校辅导员职业发展的渐进性和阶段性，并且在不同的工作方面对于不同发展阶段的高校辅导员应具备的能力和理论知识储备提出了明确要求。教育部第43号令明确指出，"辅导员的培训应当纳入高等学校师资队伍和干部队伍培训整体规划"，并在第24号令强调构建省级、校级两级培训体系的基础上，提出"建立国家、省级和高等学校三级辅导员培训体系"。2018年，教育部将"高校辅导员在职攻读博士学位专项计划"调整为"高校思想政治工作骨干在职攻读博士学位专项计划"，启动实施了"高校思想政治工作中青年骨干队伍建设项目"，开展了全国高校思想政治工作骨干示范培训。

（四）推进典型示范

教育部通过开展全国性的辅导员素质能力大赛等进一步深化对辅导员职业的认识，通过评选最美高校辅导员、辅导员年度人物等进一步推动对优秀辅导员的培养和典型选树，通过辅导员精品项目立项、名师工作室建设等进一步营造形成辅导员群体奋进向上的良好氛围。各地方各高校在不同范围内开展评选高校辅导员典型人物活动，建立"辅导员名师工作室"，通过优秀辅导员个人典型、优秀辅导员团队典型等，展现高校辅导员优秀形象，增强高校辅导员的职业认同感、荣誉感和归属感。在主管部门的大力推动与政策支持下，一批实践能力强、专业素养厚重、学术水平领先的专家型辅导员脱颖而出，以点带面式地引领推动高校辅导员队伍创新发展。

三、高校辅导员制度发展的经验与展望

高校辅导员制度从 20 世纪 30 年代建立的"政治指导员"制度算起，至今已走过近 90 年的发展历程。尽管从事这一职业的人员先后经历了"政治指导员"，到中华人民共和国成立后的"政治辅导员""政工干部""政治工作队伍"，再到改革开放后的"德育队伍""思想政治工作队伍"，直至定格为"高校辅导员"，虽然称谓有所不同，角色扮演有所变化，但都为高校人才培养作出了积极贡献。在新时代历史方位下，高校辅导员队伍建设要坚持以习近平新时代中国特色社会主义思想为指导，进一步解放思想，改革创新，完善工作思路和制度措施，把辅导员队伍建设推进到一个新的高度。

（一）高校辅导员制度发展的经验启示

1. 坚持党的全面领导

办好中国的事情，关键在党。深化发展高校辅导员制度，必须坚持党的全面领导。要提高政治站位，把思想认识统一到党中央关于加强辅导员队伍建设的决策、部署和要求上来。要深挖发展规律，遵循大学生思想政治教育规律，准确把握辅导员的工作性质、工作特点。要完善体制机制，根据新形势新任务新要求，积极破解发展难题，进一步明确发展任务、发展思路、发展方式，从体制机制、政策导向等方面采取有力措施，充分调动广大高校辅导员的工作积极性，不断提高辅导员开展思想政治工作的能力和水平。

2. 落实立德树人任务

要牢固树立育人为本、德育为先的工作理念，从时代、战略和全局的高度，充分认识新形势下培养和提高辅导员素质与能力的极端重要性，采取有效措施，切实加强辅导员队伍的素质与能力建设。同时，对辅导员的工作要求上，要体现以人为本的理念，树立思想政治教育工作就是为学生成长成才服务的发展观，贴近学生、贴近生活、贴近实际，把解决思想问题与解决实际问题结合起来，把引导学生与服务学生结合起来，不断落实大学生思想政治教育在大学生成长成才过程中的动力、导向和保障作用，不断推进大学生全面发展和健康成长。

3. 持续完善长效机制

把深化发展高校辅导员制度、加强辅导员队伍建设作为一项具有长期性、基础性的重大任务，作为加强和改进大学生思想政治教育的关键措施来抓。着眼于事业的长远发展，着力构建辅导员队伍建设长效机制，精心部署，狠抓落实，为加强和改进大学生思想政治教育提供坚强的组织保证。要健全制度机制，坚持长远规划，着眼于建立一套能有效解决队伍建设中突出问题、保证辅导员队伍建设不断推进的领导体制和工作机制。要明确辅导

员队伍的角色定位、工作定位、工作职责和素质要求，使辅导员队伍在大学生思想政治教育中发挥更大作用。

4. 坚定长远发展道路

从高校长远建设发展的高度出发，根据新时代大学生思想政治工作要求，确立辅导员工作在高校各项工作中的应有地位和作用，真正把辅导员当作一种专门职业，着力造就一批从事大学生思想政治教育的专门人才，努力提高辅导的思想和业务水平，培养和造就这一学科专业领域的专家、教授。要明确辅导员的角色定位，坚持以学生为中心的思想政治教育和管理服务工作模式。要重视辅导员的选拔培养，真正做到像重视业务教师和干部人才队伍那样重视辅导员队伍。要夯实辅导员工作的学科支撑，建立健全学生思想政治教育、学生发展指导和学生事务管理的学科体系和学位培养阶梯。要通过职业化的政策导向，有效引导辅导员把工作重心放在学生思想教育、学生成长发展指导及学生事务管理上，不断提高职业能力。

（二）高校辅导员制度发展的时代展望

1. 立根铸魂

坚持中国特色社会主义办学方向，加强党对教育工作的全面领导，增强"四个意识"、坚定"四个自信"、深刻领会"两个确立"、坚决做到"两个维护"，高举习近平新时代中国特色社会主义思想伟大旗帜，遵循教书育人规律、学生成长规律、思想政治工作规律，立足世情、国情、社情，充分把握思想政治教育新情况、新特征、新问题，准确把握当代大学生的思想特点和发展需求，加强顶层设计，着力推动高校辅导员制度创新发展，以高质量的队伍建设助推高校思想政治工作高质量发展。

2. 强基固本

对辅导员发展阶梯进行合理指导和系统设计。通过精心打造辅导员队伍培训体系，规范基础培训，推进常规培训，加强专项培训，筹划高级研修，进一步推动辅导员队伍专业化建设。深化以评促建，健全完善辅导员工作评价体系，以履行工作职责情况为重点，结合学生满意度、同行认可度等观测点，立体评价辅导员的工作效果和质量。围绕辅导员职业发展，进一步健全完善辅导员岗位流动、晋升相关规章制度，建立完善高校专职辅导员管理岗位（职员等级）晋升制度，为辅导员谋求发展、寻求道路，激励辅导员踏实工作、不断创新，确保队伍源源不断、后继有人。

3. 提质增效

完善辅导员队伍选聘机制、管理机制、培养机制和发展机制，进一步提供政策支持，突破辅导员编制、专业技术职务评聘和行政职务晋升等瓶颈问题，努力创造良好的政策环境、工作环境和生活环境，切实保障辅导员工作有条件、干事有平台、发展有空间。充分发挥组织优势，推进供给侧结构性改革，建立健全辅导员发展信息化支撑体系。通过汇聚一线优秀案例、集成研究实践成果、整合线上线下资源，打造辅导员队伍的高端培训基地、服务一线智囊、交流互鉴平台、自我提升中心、发展研究引擎，推进高校思想政治工作经验分享、方法创新和知识创造，促进高校辅导员队伍政治素养和业务能力不断提升。

第二节　新时代高校辅导员工作的理论基础

一、马克思主义经典作家的理论指导

马克思主义学说是系统的科学理论，是综合性的知识体系。学习马克思主义理论、坚持以马克思主义为指导，有利于高校辅导员在思想政治教育工作实践中坚持政治上正确引导、思想上守正引领，提高理论水平，增强工作实效。

（一）马克思主义的实践观

马克思主义的实践观点是《关于费尔巴哈的提纲》的核心和灵魂，是新世界观萌芽的集中表现，也是马克思主义哲学区别于一切旧哲学的根本标志。马克思主义实践观核心要义表明：

第一，实践是物质与意识辩证统一的基础。人们生活在其中的现实客观世界，既不是精神的自由创造物，也不是某种开天辟地以来就已存在始终如一、纯粹的自然，而是经过人类世世代代实践活动的加工改造而形成的"人化了的自然"。人的实践活动是"对象性的活动"，是有目的、能动的客观物质活动。既要受到客观条件及客观规律的制约，又能动地作用于客观对象，使之发生符合人的目的的变化。马克思在实践的基础上，把人与自然界、物质与意识统一了起来，在哲学史上第一次既唯物又辩证地揭示了物质与意识的相互关系。

第二，实践是认识的基础和检验真理的标准。马克思认为，人对客观事物的认识总是在改造客观事物的实践活动的基础上获得的，离开实践也就不可能科学地说明人的认识过程。马克思明确地提出了实践是检验真理的唯一标准，从而在哲学史上第一次科学地解决了真理标准的问题。实践的观点是马克思主义认识论之首要的和基本的观点。

第三，社会生活在本质上是实践的。人类最基本的实践即物质生产实践是人类社会赖以存在和发展的基础，物质生产方式决定着社会的性质、面貌及其发展变化的趋势，是历史发展的根本动力。人类的全部社会生活都是以社会实践为基础的，社会实践决定着人们的社会生活，包括人们的精神生活。

辅导员要完整准确地掌握马克思主义的实践观，既要充分认识实践在认识中的决定作用，社会实践既是人的思想形成和发展的基础，也是检验人的思想是否正确的标准，还要充分认识到实践是社会生活的本质和基础，也是社会意识的基础和来源，坚持到社会实践活动中寻找思想产生的根源，并通过社会实践消除由思想问题所产生的客观原因，从而从

根本上解决思想问题。

在这个理论指导下，辅导员开展工作，坚持思想政治教育与社会实践相结合，把学生社会实践作为对学生进行思想政治教育的重要环节，在工作中着力把握好三点：一是在认识上，要重视对学生的思想理论教育和价值引领的理论宣讲等，也要充分认识到，大学生的实践，对于促进大学生了解社会、了解国情、增长才干、奉献社会、锻炼毅力、培养品格、增强社会责任感具有不可替代的作用。二是在工作中，积极探索实践育人的长效机制。利用好寒暑假，带领学生走出校门，到农村和社区积极参与各类社会实践，开展形式多样的社会实践活动，包括社会调查、生产劳动、志愿服务、公益活动和勤工俭学等，使大学生在社会实践活动中受教育、长才干、作贡献，增强社会责任感。三是在各类实践活动中全面了解学生思想状况实际。深入基层实践中了解中国国情，激发学生把个人理想抱负与国家需要紧密结合，为实现中国梦而刻苦学习；也在实践中解决学生思想困惑，去深刻理解现阶段党的路线方针政策，消除学生想当然或者仅从网络上获取片面、不真实的信息，脱离实际而导致的各种思想问题。

（二）关于人的本质的论述

在马克思看来，人的本质不在于人的自然性，也不在于人的意识，而在于人所特有的活动方式。并明确指出，"人的本质不是单个人所固有的抽象物，在其现实性上，它是一切社会关系的总和"。

"人的本质是人的真正的社会联系。"人不仅具有自然属性，还具有社会属性，由于人与动物的根本区别在于人的社会属性。而人的自然属性，又总是受着社会属性的规定和制约，成为社会化的自然属性，因而人的本质也就不在于人的自然属性，而在于人的社会属性。人的本质是全部社会关系的有机统一。人们所处的社会关系是复杂多变的，主要包括生产关系、阶级关系、家庭关系等，在各种社会关系中，生产关系是决定其余一切关系的基本的原始的关系。因而，人的本质，也就是以生产关系为主导的各种社会关系的有机结合。人的本质是具体的、历史地发展变化的。人是"属于一定的社会形式的"。在一定的社会形式中，社会关系总是具体的。因而由他们的总和所构成的人的本质也就必然是具体的。同时，由于人们的社会关系总是随着社会实践，首先是社会物质生产的发展而发展变化的，因此，"人的本性"也会随着每个时代历史的发展变化而发生变化，整个历史也无非是人类本性的不断改变而已。

马克思关于人的本质的论述，是辅导员科学认识教育对象及其思想的基本理论依据，帮助辅导员对学生及其思想能有全面客观的认识，有效解决学生成长中的问题，具有重要的指导意义。马克思关于人的本质的论述告诉人们，不能孤立地了解学生，要从学生所处的一切社会关系中进行把握了解，包括学生的家庭情况、现阶段与同学交往的情况等，全面了解分析学生所处的各种社会关系及其对学生成长的影响。在工作中，针对不同的学生群体，把握不同学生群体和个体所处的不同社会关系，从他们所处的社会关系的特点和差异中把握他们思想的特点和差异。同时，也要注意他们所处的各种社会关系是不断发展变化的，从而进一步把握他们思想的发展变化。

　　辅导员在工作中，要用全面系统的思维开展工作。首先，不能仅看学生的外表，还要了解学生的各种社会关系；不仅要了解学生在校与同学、老师之间的关系，还要了解学生的家庭关系等；不仅要了解学生现阶段情况，还要了解学生成长中不同阶段的情况，在学生成长的不同阶段、社会关系的变化，都会对学生的成长有影响。其次，用发展变化的观点去认识学生。学生的本质是会变化的，不能用一成不变的眼光和态度看待学生。当学生出现一些异常情况时，要及时了解在学生身上发生的事情，是家庭的原因，还是朋友的影响；要看到学生的变化，并了解其变化背后的原因。这些了解对于辅导员有针对性地做好学生工作十分有益。最后，用差异化的特点开展群体工作。针对高校的民族学生、贫困生和心理问题学生等不同群体学生，针对大一到大四的学生，辅导员开展工作的侧重点、方式方法也要因人而异。不同群体，他们成长的需求、面临的问题等各不相同。不同学生群体和个体所处的社会关系不同，辅导员开展工作，应善于从他们所处的社会关系的特点和差异中把握他们思想的特点和差异，从而取得事半功倍的育人效果。

（三）关于人的全面发展理论

　　马克思和恩格斯在《德意志意识形态》中，运用历史唯物主义的观点和方法，深入地探究了人的发展问题，第一次系统阐述了马克思主义关于人的全面发展的理论。马克思恩格斯认为，人的发展取决于社会物质生产的发展。必须从人们的社会物质生活条件出发，来考察人及人的发展，从社会物质生产发展的历史中去探索人的发展的历史。人的发展同社会的发展、生产的发展是同步的、一致的。认为社会分工造成了人的片面发展、以私有制为基础的阶级关系制约着人的发展。认为只有共产主义才能保障每个人的自由全面发展。

　　在马克思和恩格斯的关于人的全面发展理论指导下，辅导员开展工作，把握好以下几个方面：一是深入学习领会现阶段高校育人目标。一定社会发展阶段的教育，总是与这一发展阶段的经济、政治和文化有着不可分割的联系，尤其是与一定社会发展阶段的目标紧密联系。党的十九大提出"要培养担当民族复兴大任的时代新人"。2021年4月29日，修改《中华人民共和国教育法》，将第五条修改为"教育必须为社会主义现代化建设服务，为人民服务，必须与生产劳动和社会实践相结合，培养德智体美劳全面发展的社会主义建设者和接班人"。高校育人目标，赋予了辅导员在新时代育人责任和历史使命。二是引导推动学生德智体美劳全面发展。尤其是对学生的综合评价，不能唯"分数论"。特别是学年度奖学金等的综合评比，要结合专业特点，建立符合学生全面发展的综合评价体系。通过评价体系导向，引导学生认识到，不仅要学习成绩好，还要有好的思想品德；不仅仅是身体好，还要有健康的心理；不仅能做好智力劳动，也能做好体力劳动；不仅外表美，还要心灵美，有正确的审美情趣。三是要进一步加强对学生的理想信念教育。只有共产主义才能保障每个人的自由全面发展，而共产主义社会的实现，需要一代又一代人的努力。高校培养的大学生，只有坚定共产主义信仰，才能更好地投身社会主义现代化的建设。只有把个人理想服从国家需要，只有把小我融入大我，才能更好实现人生价值，建功立业。

二、习近平新时代中国特色社会主义思想的理论指导

党的十八大以来，习近平总书记对教育事业十分重视，就教育发展提出了一系列新思想、新观点、新理念，形成了习近平总书记关于教育的重要论述。这些重要论述为中国特色社会主义教育事业指明了前进方向，为新时代教育改革发展提供了根本指导，也为新时代辅导员开展学生工作提供了方向和根本遵循。

（一）习近平总书记关于教育的重要论述的时代背景

习近平总书记关于教育的重要论述是在全面准确把握国际形势、深刻洞悉全球发展大势的背景下形成的。当今世界正在经历新一轮大发展大变革大调整。和平与发展仍然是时代主题，局部战争和冲突仍然给世界局势带来很多不确定性和动荡性。以互联网、大数据、云计算、量子卫星、人工智能、生命科学等为代表的多种重大颠覆性技术不断涌现，现代科技正深刻改变着人类的思维、生产、生活和学习方式。新一轮科技革命和产业变革将给世界带来无限发展的潜力和前所未有的不确定性，正在重构全球创新版图、重塑全球经济结构。

习近平总书记关于教育的重要论述是在中国特色社会主义进入新时代背景下形成的。新时代特征体现在四个方面，即我国进入新的发展阶段，中华民族迎来从站起来、富起来到强起来的历史阶段；我们面临着新的社会矛盾，人民日益增长的美好生活需要和不平衡不充分的发展之间的矛盾；我们迈向新的奋斗目标，开启第二个百年征程，进入全面建设社会主义现代化国家新征程；党的理论创新实现了新的与时俱进，在马克思主义中国化进程中具有鲜明的时代特色。

习近平总书记关于教育的重要论述是在世界教育发生深刻变化、中国教育面临新任务新要求的背景下形成的。世界教育正发生深刻变化，教育与经济社会发展的结合更加紧密，尤其是世界范围内的教育模式、形态、内容和学习方式正在发生深刻变革，教育更加注重以学习者为中心，促进人的全面发展，全民学习、终身学习、个性化学习的理念日益深入人心。追求公平而有质量的教育，促进全民享有终身学习机会，成为世界教育发展的新目标。进入新时代后，对教育提出更为明确的新要求。适应国家经济社会发展的新需要，教育的基础性、先导性、全局性地位和作用更加凸显。教育要着眼未来，培养拔尖创新型人才，以实现中国科技水平能解决"卡脖子"的问题，推动中国建设创新型国家；教育要提供适应经济发展的人力资源和人才资源，促进经济发展动能由要素驱动、投资驱动向创新驱动转换，推动建设经济强国；教育要发挥在坚持社会主义核心价值体系、培育和践行社会主义核心价值观中的基础作用，传承和弘扬中华优秀传统文化，不断增强国家文化软实力，推动建设文化强国；教育必须国际化，加强对外交流，促进民心互通和文明交流，推动构建人类命运共同体。

辅导员开展工作，要深刻理解习近平总书记关于教育的重要论述的时代背景，明确在新的时代背景下，学生思想政治工作的重要性和紧迫性，要能发挥出"是一切工作的生命

线"的作用，也进一步增加辅导员工作的使命和责任，赓续百年初心，担当育人使命。

（二）习近平总书记关于教育的重要论述的科学内涵

习近平总书记关于教育的重要论述，阐明了根本问题是培养什么人、怎样培养人、为谁培养人；根本任务是立德树人，把立德树人成效作为检验学校一切工作的根本标准，培养能担当民族复兴大任的时代新人，培养德智体美劳全面发展的社会主义建设者和接班人；根本保证是加强党的全面领导，根本动力是改革创新，根本依靠是教师。

习近平总书记关于教育的重要论述，是中国特色社会主义教育改革发展实践经验的概括和总结，充分体现出以人民为中心的人民立场，体现出实事求是的科学精神，体现出厚重的文化底蕴，体现出高瞻远瞩的战略思维，体现出直面问题的创新意识，体现出笃行担当的实践指向，必将随着中国特色社会主义教育事业的发展而不断丰富、完善。

习近平总书记关于教育的重要论述蕴含着丰富的思想方法和工作方法，既讲是什么、怎么看，又讲怎么办、怎么干。既部署经验改革发展"过河"的任务，也指导解决"桥和船"的载体和方法。习近平总书记关于教育的重要论述对于辅导员开展工作，既明晰了工作方向和内容，也为辅导员有效开展工作提供了方法和举措。

（三）习近平总书记关于教育的重要论述的理论指向

1. 培养担当民族复兴大任的时代新人

2016 年 12 月全国思想政治工作会议及 2018 年 9 月 10 日全国教育大会上，习近平总书记都出席会议并发表重要讲话。两次讲话中，习近平总书记特别提出"我们围绕培养什么人、怎么培养人、为谁培养人"这一根本问题，全面加强党对教育工作的领导，坚持立德树人，加强学校思想政治工作，培养能担当民族复兴大任的时代新人。

习近平总书记指出，培养什么人，是教育的首要问题。我们的教育必须把培养社会主义建设者和接班人作为根本任务，培养一代又一代拥护中国共产党领导和我国社会主义制度、立志为中国特色社会主义奋斗终身的有用人才。习近平总书记在全国教育大会上，从"六个下功夫"明确了怎么培养人、从哪几个方面培养人的问题。要在坚定理想信念上下功夫，教育引导学生树立共产主义远大理想和中国特色社会主义共同理想，增强学生四个自信，能肩负民族复兴的时代重任；要在厚植爱国主义情怀上下功夫，教育引导学生热爱和拥护党的领导，听党话，跟党走；要在加强品德修养上下功夫，教育引导学生践行社会主义核心价值观，成为有大爱大德大情怀的人；要在增长知识见识上下功夫，教育引导学生珍惜大学时光，丰富学识，增长见识，求真理、悟道理、明道理；要在培养奋斗精神上下功夫，教育引导学生勇于奋斗、自强不息；要在增强综合素质上下功夫，德智体美劳全面发展。

习近平总书记关于"培养什么人、怎么培养人、为谁培养人"的重要论述，是辅导员在新时代开展学生思想政治教育工作的根本遵循，是辅导员开展工作的出发点和落脚点，也是辅导员开展工作的重要内容。辅导员要从"六个下功夫"方面加强对学生的教育引导。

2. 坚持全员、全过程、全方位育人

在 2016 年全国高校思政工作会议上，习近平总书记强调，"把思想政治工作贯穿教育教学全过程，实现全程育人、全方位育人，努力开创我国高等教育事业发展新局面"。为贯彻落实习近平总书记重要讲话精神，中共中央、国务院印发了《关于加强和改进新形势下高校思想政治工作的意见》，其中特别提出"坚持全员全过程全方位育人。把思想价值引领贯穿教育教学全过程和各环节，形成教书育人、科研育人、实践育人、管理育人、服务育人、文化育人、组织育人长效机制"。

全员育人强调学校中的所有部门、所有教职工都负有育人的职责；全过程育人，是从时间上说，强调育人要贯穿学生学习成长的全部过程；全方位育人，是从空间上说，强调育人要体现在学生全面发展的各个方面。辅导员在日常工作中，贯彻落实三全育人，需着力把握好三点：一是注意协调各方面力量参与到工作中，特别是发挥班主任的力量，共同参与到学风班风建设、专业思想的建设等；另外，还有优秀校友的激励引领作用、优秀学生的榜样带动作用的发挥等；二是把握好学生大学期间不同阶段、不同年级的特征、需求，有针对性做好学生的引导；三是把握好德智体美劳全面发展、树立健康第一的教育理念，引导学生在体育锻炼中享受乐趣、增强体质、健全人格、锤炼意志；坚持以美育人、以文化人，提高学生审美和人文素养。在学生弘扬劳动精神，通过学生志愿服务、家庭劳动等多种形式教育引导学生崇尚劳动、尊重劳动。

3. 增强高校思想政治教育的文化力量

习近平总书记多次强调以文化人、以文育人的重要性。这些重要论述强调了文化在人才培养、思想政治教育中的重要作用，对于辅导员开展工作提供了重要指向。

辅导员在工作中，要更加深刻领会增强学生文化自信的重大意义。教育引导学生增强中国特色社会主义道路自信、理论自信、制度自信和文化自信，而文化自信是更基础、更广泛、更深厚的自信。高校是对学生进行文化熏陶、坚定文化自信的重地，是辅导员开展思想政治教育工作的重要场所。同时，辅导员要通过学生社团、学生班团活动以及各类文化艺术活动等，开展各类校园文化活动，让文化以潜移默化、润物细无声的方式影响人的思想意识和言行举止，在校园高雅文化活动中，提高审美情趣，增加文化内涵。

三、相关学科的理论借鉴

辅导员是大学生思想政治教育的组织者和实施者，是高校立德树人工作的主要力量，其职业化、专业化、专家化水平的高低，在很大程度上决定了大学生思想政治教育水平的高低，特别是其思想政治教育理论及教育学、心理学、社会学、管理学、伦理学等相关学科理论的掌握和运用情况，对于促进高校思想政治工作内涵发展与质量提升，促进辅导员队伍自身职业化、专业化、专家化发展，具有重大指导意义。

（一）教育学的相关理论借鉴

辅导员要卓有成效地开展好大学生思想政治教育，必须深入学习教育学理论，从中汲取学生思想政治教育与学生事务管理的智慧与方法，具体理论借鉴如下。

第一，主体教育论。"主体教育论"研究的主旨是寻求一种立足于时代特点和我国社会走向的实现马克思主义的全面而自由发展思想的教育学理论。它从人的现实生活和我国社会的现实实践出发，肯定了人在社会历史发展中及在自身发展中的主体地位，揭示作为社会生活主体的学生的个性素质规格及其教育生成过程，阐明教育主体和教育活动的相对独立性和能动性，充分发挥教育在促进人的全面及自由发展与社会的全面进步中的积极作用。主体教育关于尊重学生主体性的思想，关于促进学生个性自由充分发展的思想，关于发展自主性、主动性和创造性的思想，使素质教育有了一个高的目标定位。主体教育为素质教育提供了新的教育价值观念及实现人的全面发展的基本途径。大学生思想政治教育作为学校德育的重要方面应学习借鉴主体教育理论，并做到尊重学生主体地位和加强师生互动交流，这一过程离不开辅导员作为教育者主体的主导性思想政治教育活动的组织与实施，更离不开大学生作为受教育者主体的主动性参与。

第二，人本主义教育（人文主义教育）理论。人文精神的基本含义可以概括为，肯定人和人性的意义，尊重精神和意志的价值，推崇人的感性经验和理性思维。高校教育管理中人本主义内涵的挖掘，最根本的是要尊重人，也只有真正地学会尊重人，才能够做好管理工作，才能够得到学生的认可与肯定。从本质上来讲，高校属于教育服务机构，高校教职人员应该给学生提供更好的教育服务，而不是以一种高高在上的态度进行管理。辅导员在实际工作中坚持人本主义或人文主义教育理论，必须做到坚持"以生为本"的育人理念、拥有革故鼎新的气魄，以促进学生全面发展。

第三，多元智能理论。这是自 20 世纪 80 年代中期以来风行全球的国际教育新理念，它是由美国当代著名心理学家和教育学家加德纳（H. Gardner）博士首先系统提出的，并在后来的研究中得到不断发展和完善的人类智能结构理论。加德纳认为，人可以具备各种智能：一是言语语言智能，二是数理逻辑智能，三是视觉空间智能，四是音乐韵律智能，五是身体运动智能，六是人际沟通智能，七是自我认识智能，八是自然观察智能。辅导员要在思想政治教育中激发和培养大学生多方面的智能，要树立弹性的、多因素组合的智力观，要树立全面的、多样化的人才观，要树立积极的、平等的学生观，要树立个性化的因材施教的教学观，要树立多种多样的、以评价促发展的评价观，充分发挥校内外各思政育人元素的育人功能，形成纵横交错、协同共建的大学生思想政治教育一体化体系。

第四，整体教育理论。"整体教育"是瞄准"关联"的教育，包括逻辑思维与直觉思维的"关联"、身与心的"关联"、知识领域之间的"关联"、个人与社区的"关联"、人类与地球的"关联"以及自我与本性的"关联"等。其终极目标是要学生领悟世界万物是相互关联的，他们要追求这些"关联"，洞察这些"关联"，同时获得使这些"关联"变得更加适切的必要力量，从而具有相当程度的生态意识和社会责任感。辅导员要坚持整体主义教育理论，既要看到思想政治教育大循环、大系统、大格局的"通观"，也要看到一个时代、一个国家、一个地区、一个高校、一个群体和单个人的"具观"，更要看到思想政治教育整体与部分、群体与个人、长期与短期的内在关联，以全局的、发展的、科学的眼光审视思想政治教育，特别是在大学生思想政治教育中，既要秉承"大思政"理念，充分发挥校内外各育人主体的育人功能，全面关注大学生群体的思想行为特点，通过"通观"的思想政治教育实现群体思想政治素质的提升；又要坚持"因材施教"，关注大学生个体的具体情况与诉求，有针对性地开展教育引导帮扶，实现群体教育与个体教育有机结合。

第五，多元文化教育理论。多元文化主义坚持文化的多样性和差异性，强调建构多元文化的教育环境，因而促进了教育的民主化观念和多样化发展方向，促进了多元文化教育的发展。多元文化教育更加关注文化差异和机会均等，坚持多元视野和个性指向，以培养学生多元文化世界的适应力与发展力、促进世界文化的多样性发展以及文化间的相互尊重和世界和平为目标。面对世界百年未有的大变局，辅导员应在大学生思想政治教育中坚持多元文化教育理论，要将培养学生跨文化的适应力与发展力作为重点内容。一方面，要坚持以习近平新时代中国特色社会主义思想为指导，切实加强社会主义主流意识形态教育，弘扬主旋律，宣传正能量，积极培育和践行社会主义核心价值观，积极引导学生做到"四个正确"认识；另一方面，要加强学生国际化视野与能力的培养，培养数字化学习能力，培养国际适应能力，为祖国为世界为人类培养德才兼备的栋梁之材，促进世界文化的多样化发展，促进文化间的相互尊重和世界和平。

(二) 心理学的理论借鉴

心理学是一门研究人类心理现象及其影响下的精神功能和行为活动的科学，包括基础心理学与应用心理学，涉及知觉、认知、情绪、思维、人格、性格、行为习惯、人际关系、社会关系、人工智能等许多领域，也与日常生活的许多领域相关联。心理学知识是辅导员职业知识体系中的一种必备的基础知识，心理健康教育与咨询是辅导员的一项职业能力，要使思想政治工作入脑入心，辅导员就必须要在日常思想政治工作中有效运用心理健康教育的相关理论知识与工作技巧。

第一，马斯洛需要层次理论。该理论指出，人们的基本需要有不同的层次，由下而上分为生理需要、安全需要、归属与爱的需要、尊重的需要、自我实现的需要，其中生理需要是最基本的需要，自我实现的需要是高层次的需要。一般来讲，需要的出现遵循着层次排列的先后顺序，人在低级需要得到满足的基础上才会产生对高一级需要的追求。根据"马斯洛需要层次理论"，辅导员要从优化供给和满足需求的角度着力提高思想政治工作质量。一方面，要准确掌握学生群体不同层次的思想政治教育需求。辅导员要通过日常接触观察和深入调查研究，全面准确掌握不同学生群体思想政治教育的不同层次诉求，这是有效提升思想政治工作针对性和实效性的前提和基础。另一方面，要分类开展不同学生群体的思想政治教育。要根据不同学生群体思想、心理和行为发展的不同阶段、不同特点，有针对性地实施分层分类教育引导，只有这样才能因材施教、对症下药，切实提升思想政治工作实效。

第二，奥苏贝尔动机理论。美国心理学家奥苏贝尔提出，学校情境中的成就动机包括三个方面的内容：一是认知内驱力。这是一种要求了解和理解周围事物的需要，要求掌握知识的需要，以及系统地阐述问题和解决问题的需要。二是自我提高内驱力。这是个体因自己的胜任能力或工作能力而赢得相应地位的需要。三是附属内驱力。这是指为了保持长者们（如教师、家长）或集体的赞许和认可，表现出要把工作做好的一种需要。根据奥苏贝尔动机理论，辅导员要善于从学生行为表现分析其深层次的内部动机和外在动机，并通过激发和改变学生动机以有效引导其思想行为表现。

第三，耶基斯一多德森定律。心理学家耶基斯和多德森的研究证实，动机强度与工作效率之间并不是线性关系，而是倒 U 形的曲线关系。具体体现在：动机处于适宜强度时，工作效率最佳；动机强度过低时，缺乏参与活动的积极性，工作效率不可能提高；动机强度超过顶峰时，工作效率会随强度增加而不断下降，因为过强的动机使个体处于过度焦虑和紧张的心理状态，干扰记忆、思维等心理过程的正常活动。辅导员要在充分认清思想政治教育目的的基础上正确把握大学生思想政治教育的"强度"，并针对特定的学生群体采用合适的思想政治工作方法与艺术。有时要采取潜移默化、润物无声的思想政治工作方法，以达到以文化人、以文育人的目的；有时要通过"灌输"系统开展理论武装教育，让学生全面了解和掌握相关理论知识与思想精髓；有时要通过线上线下融合式教育，将思想政治工作传统优势转化为育人优势，卓有成效地开展网络思想政治教育或网络育人工作，形成网上网下同心圆。此外，辅导员还要积极引导学生认清动机强度与学习工作效率的辩证关系，帮助学生排解不良情绪和负面能量，引导学生以合适的动机强度完成每一个阶段的学习工作任务，使他们事半功倍、学有所成。

第四，木桶效应和破窗效应。根据木桶效应和破窗效应理论，辅导员要切实提高对日常思想政治教育工作重要性的认识，针对学生开展的每一次教育或组织的每一次活动，都要有严谨的计划、明确的任务和有效的方法，要紧贴学生生活与学习工作实际，要达到良好的育人效果，否则一次失败的思想政治教育可能会让学生对辅导员及其后续即将开展的思想政治教育活动丧失信任和信心。同理，针对学生群体中的问题学生以及学生身上存在的最为突出的思想问题、心理问题和失范行为，辅导员要及时提供帮助，妥善帮助学生解决思想、心理问题和实际困难，切实解决大学生思想政治教育中存在的"短板"和"破窗"，这样才能整体提高思想政治工作质量，促进学生全面发展。

（三）社会学的理论借鉴

社会学是从社会哲学演化出来的系统研究社会行为与人类群体的社会科学，是一门具有多重研究方式的学科，其研究范围广泛，包括了由微观层级的社会行动或人际互动，至宏观层级的社会系统或结构。社会学知识是辅导员职业知识体系中的一种必备的基础知识，社会学中的结构功能论、符号互动论、社会冲突论、社会交换论、批判理论等都蕴含着许多社会科学知识，对辅导员开展大学生思想政治教育具有重要指导意义。

第一，结构功能论。功能论或结构功能论强调社会与生物有机体一样都具有结构，一个社会由群体、阶级和社会设置构成，必须要有能力从周围的环境中获得食物和自然资源，并且将它们分配给社会成员；社会是由在功能上满足整体需要从而维持社会稳定的各部分所构成的一个复杂的系统，任何系统都会自然地趋向均衡或稳定。结构功能论视角下的高校思想政治工作，也是一个"大思政"系统，里面包含各种育人主体、客体、介体、环体等要素，这些要素以一定的方式或机制结合起来，形成了复杂多变的一体化思想政治工作体系，这个体系总体是趋于均衡和稳定的。辅导员作为高校思想政治工作中的一个育人主体，在对大学生开展思想政治教育的时候，要秉承"大思政"理念，充分发挥课程、科研、实践、文化、网络、心理、管理、服务、资助、组织等育人要素的思政功能，使思想政治工作贯穿教育教学全过程，着力构建思想政治工作合力育人格局，实现全员、全程、全方位育人。

第二，社会冲突论。社会冲突理论是从对结构功能主义理论的反思中提出的。传统冲突学派认为：社会是动态的，无时不在变化，整个社会体系处于绝对不均衡中，在社会体系的每一个部分都包含着冲突与不和的因素，是社会变迁的来源。现代冲突论在承认社会冲突的普遍性的同时，将社会和谐作为研究落脚点，并建设性地提出社会冲突具有社会整合的功能，是社会变迁的动力。社会冲突理论下的高校思想政治工作，要求辅导员清醒认识高校思想政治工作矛盾冲突存在的必然性以及大学生思想政治教育问题错综复杂的客观性，并且要充分认识到这些矛盾、冲突和问题的存在既给高校思想政治工作的创新发展带来了严峻挑战，同时也带来了发展机遇。

第三，符号互动论。符号互动论是一种主张从人们互动着的个体的日常自然环境去研究人类群体生活的理论派别。符号互动论认为事物对个体社会行为的影响，往往不在于事物本身所包含的世俗化的内容与功用，而是在于事物本身相对于个体的象征意义，而事物的象征意义源于个体与他人的互动，在个体应对他所遇到的事物时，总是会通过自己的解释去运用和修改事物对他的意义。这要求辅导员通过多种方式提升大学生对于思想政治教育的亲近感和认同感，积极地配合或参与到思想政治教育活动中，从与各种思想政治教育育人要素资源的互动中探索出其对于自己的"象征意义"。这种互动式的思想政治教育模式，将大学生与辅导员、授课教师等育人主体作为思想政治教育的共同主体，可以改变以往大学生相对被动的受教育者地位，也可以转变"师道尊严"的教育者的强势地位，促使思想政治教育在相对开放、自由、平等的情境中予以生成和开展。

第四，社会交换论。该理论主张从经济学的投入与产出关系的视角研究社会行为，认为趋利避害是人类行为的基本原则，人们在互动中倾向于扩大收益、缩小代价或倾向于扩大满意度、减少不满意度；应尽量避免人们在利益冲突中的竞争，通过相互的社会交换获得双赢或多赢。这要求辅导员从双赢或多赢的角度考虑如何有效开展思想政治教育工作。例如，开展的思想政治教育，既符合学生思想行为发展的实际，切合学生素质发展需求，又跟党的教育方针、学校的育人理念和人才培养方案所适应，圆满完成了立德树人根本任务，这就是"双赢"；建立的校内外大学生思想政治教育育人共同体，既提升了学校思想政治教育实效，又促进了校外机构、企业或相关团体组织的自身发展，这就是"多赢"。只有在"双赢"或"多赢"的前提下开展大学生思想政治教育，才能使思想政治教育更具有持久性和生命力，也才能构建更加强大的思想政治教育育人共同体。

（四）行政管理学的理论借鉴

辅导员既是教师又是干部，既要开展好思想政治教育，也要做好大学生日常事务管理。因此，学习借鉴行政管理学中的相关理论，对于提升辅导员事务管理能力具有重大意义。

第一，激励理论。激励科学源于西方的管理科学，它对指导组织进行成员管理和调动成员的积极性产生了重要影响和促进作用。大学生存在以下五种激励需要：一是自我实现的需要。每个大学生都希望被他人尊重并重视，而且希望顺利完成学业，使个人潜能得到最大程度的释放。二是精神满足的需要。大学生的学习是以未来有理想的工作及事业发展为目标的行为过程。三是提升道德观念的需要。道德激励是激发人的社会道德观念和提升价值观的需要，是获得社会和公众认可其人格与价值的基础。四是渴望肯定的需要。行为学家认为，每个人都存在着渴望肯定的心理，都希望自己的行为能够得到组织或他人肯定。五是适当的物质激励机制。大学是以学习为主的特殊环境，对学生进行思想政治教育时，如果同时采用适当的物质激励，能够得到良好的激励效果，这是培养大学生积极向上心理和行为需求动机的手段之一。辅导员在学生管理中要深谙和善于利用激励理论，善于利用目标激励、荣誉激励、情感激励、榜样激励等多种激励方式，充分调动学生自主发展的主动性、积极性和创造性。

第二，协同治理理论。协同治理理论是一门新兴的交叉理论，它的两个理论基础是作为自然科学的协同论和作为社会科学的治理理论。协同治理，简单来讲，就是在开放系统中寻找有效治理结构的过程。它主要包括治理主体的多元化、各子系统的协同性、自组织组织间的协同、共同规则的制定等内容。高校思想政治工作是一个协同治理的教育管理过程，需要学习和借鉴协同治理理论。一方面，要构建思政育人共同体。辅导员要将校内外各育人主体连接成一个育人共同体，共同开展大学生思想政治教育。另一方面，要加强思政育人协同。辅导员要通过各种渠道和手段，建立长效化的高校思想政治工作协调机制与协同创新机制，充分发挥各方力量的思政育人功能，着力构建一体化的思想政治工作体系。

第三，胜任力"冰山模型"理论。这一理论是"职业能力"或"胜任力模型"的典型例证。该理论将个体的素质和能力比喻为冰山，即个体素质的不同表现包括"水平面以上的冰山"的表象部分和"水平面以下的冰山"的潜在部分。其中"水平面以上冰山"即显性素质，主要包括知识、技能、行为等，是易于被感知、衡量、培养和改善的通用性素质。而真正能区分优秀者与一般人的深层次因素，是潜伏在"水平面以下的冰山"，包括价值观、态度、自我形象、动机等隐性素质，是不易被感知、衡量、培养和改进的鉴别性素质。这部分隐藏于"冰山以下"的"内隐性胜任力"，但却对"水上冰山"起着关键而深刻的影响，往往对人的行为和工作绩效起着关键性的作用。辅导员在实际工作中，要切实将思想政治教育提升到促进学生"胜任力"全面发展的高度来认识，既要注重大学生知识、技能、行为等显性素质的提升，也要促进大学生价值观、个性、态度、情绪与情感、需求与动机等隐形素质得到发展。

第四，目标管理理论。目标管理理论最早是由美国管理学者德鲁克教授提出的，该理论首先应用于企业内部的组织管理，强调组织群体共同参与制定具体的、可行的、能够客观衡量的目标，从应用来看，该理论能从普适角度分析大学生就业能力问题，并且高校以大学生就业能力为立足点，结合高校办学特色和办学的实际情况，综合分析与确定大学生就业能力总体培养目标，根据培养目标制订相关的大学生能力培养内容。高校目标管理理论的不同之处体现在，其最终目的是实现学生综合能力的发展，培养知识技术型人才，以便能够为社会和经济发展提供充足的人力资源和智力资源。辅导员要对大学生思想政治教育进行目标管理，不仅要建立科学化的目标体系，还要量化考核指标，要充分利用云计算、大数据、人工智能等新一代信息技术，提升大学生思想政治教育目标管理效能，这样才能切实提升思想政治教育的针对性与实效性。

（五）伦理学的理论借鉴

伦理学以人类的道德问题作为自己的研究对象，将道德现象从人类的实际活动中区分开来，探讨道德的本质、起源和发展，道德水平同物质生活水平之间的关系，道德的最高原则和道德评价的标准，道德规范体系，道德的教育和修养，人生的意义，人的价值以及生活态度等问题。马克思主义伦理学建立在历史唯物主义基础之上，强调阶级社会中道德的阶级性及道德实践在伦理学理论中的意义。伦理学中有关爱国主义、集体主义、义利统一观、公民道德建设的理论，对于辅导员开展爱国主义教育和大学生公民道德建设具有重要指导意义。

第一，爱国主义。爱国主义是指个人或集体对祖国的一种积极和支持的态度，揭示了个人对祖国的依存关系，是人们对自己家园以及民族和文化的归属感、认同感、尊严感与荣誉感的统一，爱国主义是中华民族的民族心、民族魂，是中华民族最重要的精神财富，是中国人民和中华民族维护民族独立和民族尊严的强大精神动力。辅导员要在新时代背景下对大学生大力开展以爱国主义为核心的民族精神教育，全面加强新时代大学生爱国主义教育，有效引导大学生不断增强"四个意识"、坚定"四个自信"、做到"两个维护"，努力成长为德智体美劳全面发展的堪当民族复兴大任的时代新人。

第二，集体主义。集体主义通常指无产阶级的集体主义，与"个人主义"相对，它是共产主义道德的基本原则之一，贯穿于共产主义道德各项规范的核心。同时，它也是新时代公民道德建设的原则，是社会主义经济、政治和文化建设的必然要求。集体主义，主张个人从属于社会，个人利益应当服从集团、民族和国家利益的一种思想理论，是一种精神，最高标准是一切言论和行动符合人民群众的集体利益。辅导员应当积极引导大学生正确认识和处理国家、集体、个人的利益关系，提倡个人利益服从集体利益、局部利益服从整体利益、当前利益服从长远利益，反对小团体主义、本位主义和损公肥私、损人利己，把个人的理想与奋斗融入广大人民的共同理想和奋斗之中，成为集体主义的弘扬者、传播者和践行者。

第三，社会主义义利统一观。社会主义义利统一观是马克思主义伦理学的术语，主要是指把国家和人民利益放在首位，同时又充分尊重公民个人合法利益的伦理价值观。它充分反映了社会主义物质文明建设和精神文明建设的内在要求。辅导员在开展大学生思想政治教育工作时，要坚持正确的义利统一观，既不能忽略或侵害大学生合理合法的权利诉求和利益主张，一味追求大公无私、公而忘私，要求大学生作无原则、无底线的奉献和贡献；又不能放纵大学生过分地追求个人利益，而不考虑国家利益、民族利益、学校利益和他人利益，需要对大学生进行正确的义利统一观教育引导。此外，在权利和义务关系上，也要引导大学生在享有法定权利的同时，履行法定的公民义务，这样才能做一个享有个人合法权益、深明国家民族大义的合格公民。

第四，新时代公民道德。2019年10月，中共中央、国务院印发《新时代公民道德建设实施纲要》，提出了新时代公民道德建设的总体要求，以及"筑牢理想信念之基、培育和践行社会主义核心价值观、传承中华传统美德、弘扬民族精神和时代精神"四项重点任务，对新时代公民道德建设作出了重大决策部署。辅导员要把社会公德、职业道德、家庭美德、个人品德建设作为大学生公民道德建设的着力点，要把立德树人贯穿学校教育全过程，通过家教家风涵育道德品行，以先进模范引领道德风尚，以正确舆论营造良好道德环境，以优秀文艺作品陶冶道德情操，开展礼仪礼节教化和移风易俗行动，深入推进学雷锋志愿服务，培育践行绿色生产生活方式，抓好网络空间道德建设，引导大学生在对外交流交往中展示文明素养，并充分发挥公共文化设施的道德教育作用，全面加强大学生新时代公民道德建设。

第二章

工匠精神的传承与时代创新

第一节　工匠精神的历史与传承

工匠精神既非舶来品，也非现代新事物，在中华民族五千多年的悠久历史长河中，从不缺乏能工巧匠，更不缺乏工匠精神。工匠技艺与工匠精神在历史长河中对我国经济社会发展与文化传承创新起到了至关重要的作用，时至今日，工匠精神仍然是重要的思想资源和强大的精神动力。在迫切呼唤和大力弘扬工匠精神的当今时代，高校对工匠精神追根溯源，正确认知和领悟工匠精神的缘起与发展，有助于最大限度地发挥工匠精神的价值和功用。

一、我国工匠精神的历史溯源

我国是工匠国，人才辈出，鲁班、李冰父子、李春、毕昇、黄道婆等都是人们耳熟能详的能工巧匠。长城、秦始皇陵兵马俑、都江堰、赵州桥、苏州园林、故宫、青铜器、古陶瓷、丝绸等在各行业、各领域令人叹为观止的旷世杰作与文化遗产，都是能工巧匠精湛技艺的结晶。工匠精神是中华优秀传统文化的精华之一。

（一）工匠精神的孕育萌芽阶段

著名历史学家冯天瑜教授认为，就中华文明及其文化史来看，"工匠精神"源远流长，最早可追溯到新石器时代早期。据《周易·系辞》记载，中华民族的人文始祖伏羲氏"始作八卦，以通神明之德，以类万物之情""神农氏作，斫木为耜，揉木为耒，耒耜之利，以教天下，盖取诸益"，是说伏羲氏创制了八卦，从中推算出万物的实际情况，神农氏从伏羲氏所创制的"益卦"中获得启发，教人们制作农具。这说明当时已有人开始从事手工制作活动，最早的工匠也随之出现。这一时期的工匠从事手工劳动，只是氏族内部出现的分工不同，并不受统治与剥削，是自由平等的氏族工匠。

《韩非子·难一》中有"东夷之陶者器苦窳，舜往陶焉，期年而器牢"的记载，《史记·五帝本纪》中记有"（舜）陶河滨，河滨器皆不苦窳"。上述两部书都记载了舜制作陶器时追求精工细作，并以此带动人们制作陶器、杜绝粗糙质劣的事迹。这是发生在距今4 000多年前的舜帝时期有史可载的最早的关于精益求精工匠精神的事迹。上古时期的伏羲氏、神农氏、尧、舜、禹等都是在某一方面有突出工艺制作能力的氏族领袖，是中国古代工匠的典型代表。

（二）工匠精神的形成发展阶段

春秋战国时期是我国从奴隶社会向封建社会过渡的社会大变革时期，新的生产力的产生和生产工具的变革为工艺技术的提高创造了条件。工匠精神的形成与发展离不开传统手工业的兴起与繁荣，其演变历史也随着我国古代政治、经济、科技、文化等领域的发展而不断推进，由此形成了我国悠久独特的工匠文化和工匠精神。

我国传统手工业工匠的工种分类比较繁杂，在《周礼·考工记》中，将工匠按工种分为轮人、陶人、弓人等多种类型，根据工匠所属性质不同又分为官匠与民匠。官匠一般在官府内劳动，为官府服务，受官府管理和限制；而民匠自由度相对高一点，可为官府做事，也可为主家劳作，还可自己制作，满足自身需求。《周礼·考工记》中将"百工"称为"圣人"，将"百工之事"称为"圣人之作"，反映出在古代社会"造物"需要非凡的技艺，古人对工匠已怀有崇高的敬意。

儒家思想是在中国古代占据主流地位的政治伦理文化，"天人合一""德艺兼修"等儒家核心思想成为我国工匠精神得以传承和发展的重要文化基础。在此后的数千年历史发展过程中，工匠成为一个与人们日常生活密切相关的名词，工匠职业历代沿袭，手工匠人以精湛的技艺给中国传统文化增添了奇妙的色彩，丰富着我国优秀传统文化的内涵。从战国时期庄子的"技进乎道"，到北宋欧阳修的"我亦无他，惟手熟尔"，再到清代魏源的"技可进乎道，艺可通乎神"，无不说明，在古代工匠身上闪烁着"技艺精湛、敬业诚信、创新创造"的智慧光芒，孕育并发展了中华民族工匠文化及工匠精神的内核。

进入封建社会后，随着生产力的发展和技术水平的提高，这一时期的工匠技艺传授方式从以血缘关系为纽带的"父子相传式"的家庭代际传承为主，逐渐转变为以"师徒相承式"的传统学徒制为主。"言传身教""心传身授"的教育模式成为古代培养工匠的主要途径。《春雨杂述·评书》中有记载："学书之法，非口传心授，不得其精。"对于古代工匠而言，传承技艺不仅是学习技术，更是要形成一种与所从事行业或职业相适应的心理契合度。《新唐书·百官志》中有记载："钿镂之工，教以四年；车路乐器之工，三年；平漫刀槊之工，二年；矢镞竹漆屈柳之工，半焉；冠冕弁帻之工，九月。"由此可知，古代工匠根据不同工种特点和要求规定了不同的学徒时限。一方面，一定的学习时限体现了当时各行各业已具备的工艺技术水平；另一方面，一定的学习时限说明师徒在传承技艺过程中有相当长一段时间相处在一起，会形成深的师徒感情。所谓"一日为师，终身为父""师徒如父子"等习语就源自这种"师徒相承式"的学徒制度。师傅传授技艺和经验的同时，往往也会把行业规矩、从业原则、职业道德规范等传授给徒弟。言传身教不仅培养了大批工匠艺人，也养成了"尊师重教"的传统美德，工匠精神从而得以代代相传。

（三）工匠精神的衰退没落阶段

伴随着我国近代社会的历史浮沉，从鸦片战争到中华人民共和国成立期间，工匠精神总体上日趋式微。鸦片战争后，西方强势的工业文明使国门被迫打开，中华大地发生了翻天覆地的变化，中国自给自足的农耕文明不可避免地直面西方近代工业文明的冲击，与传统社会生活方式相适应的传统生产方式不可避免地要面对近代工业机械化批量生产方式的冲击。在日用品生产领域，传统手工业几千年来一贯个体的、手工的生产方式必然要被大工业生产所取代。鸦片战争的炮弹击碎了中国延续数千年的农耕文化传统，传统的手工业生产难以适应工业时代大机器生产的发展要求，传统的手工业工匠在这种冲击下几乎难以为继。因此，在近代中国的历史进程中，工匠精神整体处于衰退没落阶段。即便如此，强韧的工匠精神也从来没有中断和消亡，始终有一些人在动荡不安的时代变迁中坚守自我，在默默地传承着工匠精神。

（四）工匠精神的传承创新阶段

当前，我国处于全面深化改革和推进产业转型升级的攻坚时期，弘扬工匠精神，凸显其时代价值，更显重要性和必要性。创新是一个民族进步的灵魂，是一个国家兴旺发达的不竭动力，也是现代工匠应具备的精神特质。

2016年《政府工作报告》首次提出，鼓励企业开展个性化定制、柔性化生产，培育精益求精的工匠精神，增品种、提品质、创品牌。2017年《政府工作报告》进一步明确提出，要大力弘扬工匠精神，厚植工匠文化，恪尽职业操守，崇尚精益求精，完善激励机制，培育众多"中国工匠"，打造更多享誉世界的"中国品牌"，推动中国经济发展进入质量时代。2018年《政府工作报告》指出，全面开展质量提升行动，推进与国际先进水平对标达标，弘扬工匠精神，来一场中国制造的品质革命。2019年《政府工作报告》提出，大力弘扬奋斗精神、科学精神、劳模精神、工匠精神，汇聚起向上向善的强大力量。2021年《政府工作报告》提出，弘扬工匠精神，以精工细作提升中国制造品质。自2016年《政府工作报告》中首提"工匠精神"以来，"工匠精神"有5年被写入《政府工作报告》，表明在新的时代背景下，工匠精神逐渐从行业话语转变为政府政策话语，并被注入新的含义，赋予新的使命和要求。

二、我国工匠精神的传承与发展

我国手工业历史悠久且很发达，手工业及承载手工艺的历代工匠在中华文明的发展历程中发挥着极其重大的作用，技艺精湛的工匠及其所体现的工匠精神为中华文明留下了宝贵的物质财富和精神财富。工匠精神自古有之，虽经历衰退与没落，但传承与发展工匠精神的历史根脉与文化基因始终存在，故工匠精神一直延续至今。

（一）按劳获酬是工匠精神传承与发展的物质基础

辩证唯物主义认为，物质决定意识。工匠精神作为一种意识形态，它的传承与发展必然有与其相对的物质基础，即工匠用自己的劳动获得经济收入，没有一定的劳动所得作为物质基础，工匠精神就难以得到传承与发展。工匠的主要工作内容是"执艺事成器物以利用"，即用技艺制造产品以用于生产和生活，产品的质量高低直接决定了工匠的收入水平，并影响其社会地位。

在先秦时期，工匠技艺是受到百家重视的，其社会价值是受到百家认可的，如《孟子》中记有"赴一人之身，而百工之所为备"，《中庸》中也记有"来百工则财用足"，《管子》中有记载"士农工商四民者，国之石民也"。这说明工匠因其技艺精湛而受到世人的尊敬和认可，有着比较高的社会政治地位，是国家的支柱"四民"之一。

隋唐时期，工匠的招募开始出现以日计酬的方式，唐代手工业者的收入因手工业者的类型不同而不同。据《唐六典》记载："凡诸州匠人长上者，则州率其资纳之，随以酬顾。"唐代长上匠因技艺高超，待遇相对比较优厚，除了能享受酬金月粮，还能免除苛役和杂徭。柳宗元在《梓人传》中写道，"指使群工"的技术工头与一般工匠相比"受禄三倍"，由此可见，技艺尚超的工匠能够获得超出平均水平很多的收入。

在清康熙年间，设立了皇家造办处，将广东、江苏一带的优秀工匠选拔到造办处，专门为皇家制作家具等御用品。造办处的每个工匠都经过严格筛选，一经选用，便给予丰厚的待遇。按同期官府部俸禄标准，清宫工匠月俸相当于一个知县的俸饷。清宫造办处不仅为工匠提供了丰厚的收入，使其无后顾之忧，而且提供了很好的工作条件，如提供各种工具、优质原料等，使工匠能够全心施展自己的技艺，这使很多工匠愿意花费更多的时间潜心研究技艺，用于提高产品的品质，从而获得更高的收入。这种高于社会平均水平的收入是工匠精神得以传承的物质基础。因此，为了鼓励传承工匠精神，政府和社会也有必要在物质上给予工匠们必要的、持久的激励，不断提高从业者的收入水平，让从业者能够深切地感受到工匠精神传承的价值，从而产生获得感、认同感和荣誉感。

（二）儒家思想是工匠精神传承与发展的文化基础

儒家思想是我国传统文化的主流思想，对工匠精神影响深远。儒家仁义礼智信的"五常"核心思想是我国工匠精神得以传承与发展的重要文化基础。

一是"仁"。"仁"者，仁义也，就是以人为本、富有爱心。孔子认为仁就是"爱人"，体现在工匠群体中即"仁者爱人"的人本理念。一方面，在工匠群体内部，在父子相传、师徒相承的技艺传承中，坚持以人为本，从关怀人、爱护人、发展人的目标出发，传承和发展手工技艺和工匠精神；另一方面，在从事职业活动时，坚持以客户为中心，用精湛的技艺和热情的态度服务顾客，做到有口皆碑，客观上使手工技艺和民间绝活得以传承和发展。

二是"义"。义的本义是合乎道德的行为或道理。孔子提出"君子义以为质"，认为义是君子的本质。又说"见利思义""义然后取"，明确以义作为谋利的准则。儒家思想在肯定人的趋利性时更强调"义"对"利"的主导作用。"以义取利"成为古代手工业者和商人的主流义利观，不违背职业道德获得合理利益，争做有德君子，不做一味追求一己私利的小人。

三是"礼"。礼的意思就是注重礼仪、尊重他人。礼的核心是"尊重"二字。对于工匠而言，说到"礼"，就是要保持良好的职业行为规范，对服务对象有礼仪、礼节和礼貌。人们常说的"和气生财""见人三分笑"就是"礼"的生动写照。

四是"智"。"智"同"知"，意思是对于认识、知道的事物，熟悉到可以脱口而出。这是对工匠应具备的技艺水平的一个基本要求。工匠的主要任务就是制造产品，理应对所从事行业工种的知识、技术达到"知"的水平，从而保证制作出来的产品能够满足服务对象的要求。

五是"信"。"信"者，人言也，意思就是诚信守法，一诺千金。儒家将诚信视为"进德修业之本"，将其作为完美人格的道德前提。"诚信"体现为做人做事言而有信，说到做到。对于工匠而言，坚持"诚信"才是生存发展之道。"诚信"的工匠对所从事的工作、所要服务的对象、所要制作的产品，可以全心投入、不弄虚作假、不口是心非、不敷衍了事，按照产品的制作要求认真完成工作，保证所制作的产品质量无差，从而得到社会和他人的认可，以"诚信"求得个体职业的发展，以"诚信"求得所从事行业的传承。

（三）尊师重教是工匠精神传承与发展的伦理基础

"尊师重教"一词出自《礼记·学记》，"凡学之道，严师为难。师严然后道尊，道尊然后民知敬学。是故君之所不臣于其臣者二：当其为尸，则弗臣也；当其为师，则弗臣也。大学之礼，虽诏于天子无北面，所以尊师也"。西汉文学家、哲学家扬雄曾有言："师者，人之模范也。"孔子曰："三人行，必有我师焉。"《荀子·大略》中有言，"国将兴，必贵师而重傅；贵师而重傅，则法度存"。唐代韩愈的《师说》中有广为流传的名句："古之学者必有师，师者，传道授业解惑也。"由此可知，尊师重教是中华民族的优良传统，是中华民族传统美德的重要伦理规范。我国传统的工匠精神之所以能够传承发展延续至今，与尊师重教的传统伦理是分不开的。

学徒制是我国古代工匠精神传承的主要方式和有效途径。从传承年代来看，学徒制最早可以追溯到周朝，尊师重教的传统自古有之，学徒制一经出现，尊师重教的伦理规范就与其紧密结合。《管子·弟子职》规定："先生将食，弟子馔馈。摄衽盥漱，跪坐而馈""先生有命，弟子乃食""先生将息，弟子皆起。敬奉枕席，问何所趾""先生既息，各就其友，相切相磋，各长其仪"。这种师徒关系及其相处之道很早就从道德层面上作出了规定。为了保证技艺传承和行业发展的延续性，师傅在挑选徒弟和教授徒弟时，会从人品、能力、意志力等多个方面严格要求徒弟，采用家族之治的宗法理念来培养徒弟，使徒弟从思想上对师傅终生感恩，以免出现"教会徒弟，饿死师傅"的状况。因此，在多数情况下，只有最亲密的师徒关系中的徒弟，才能学到师傅真正的技艺。师徒制的传承方式构建了手工业、制造业尊师重教的氛围与传统，古代师徒相承不仅是技艺的传承，更是师徒长期相处中不断进行的心灵契合与德行磨合。一方面，师傅在担负着传承技艺责任的同时，要教育自己的徒弟学会做人，将做人寓于做事之中；另一方面，徒弟在学习技艺的过程中要学会感恩，"敬业所以敬师，敬师所以敬道也"，让师傅感受到徒弟学艺的真诚与决心，感受到徒弟对师傅的真心实意与尊敬，这样才能师徒相得，出现像孔子那样"弟子三千，圣贤七十二"的流芳圣贤和"程门立雪""子贡尊师"之类的千古佳话。

进入 21 世纪，与古代传统学徒制相对应的农业经济已不复存在，取而代之的社会主义市场经济体制需要建立与之相适应的现代学徒制。不管社会如何变迁，观念如何更新，教育模式如何改革，尊师重教的优良传统始终存在，并将继续在现代学徒制等现代教育模式中发挥重要作用。

（四）官府管理是工匠精神传承与发展的有力保障

我国工匠精神的产生与发展与官府的参与管理密不可分。我国传统工匠阶层形成后，官府建立了匠籍制度，便于开展对工匠的身份管理和徭役赋税的征收，同时还设立了中央和地方两级手工业专门管理机制，统一管理行业生产、产品市场和技术质量等事宜。

我国对工匠的最早记录来自《周礼·考工记》，书中的记载对象均为官匠，书中详细记载了手工业生产技术及一系列生产管理和营建制度。《周礼·考工记》开宗明义："国有六职，百工与居一焉。"这一方面说明了"百工"的重要性，另一方面也说明了"百工"属于官府手工业。东汉的郑玄为《周礼·考工记》注说，"百工司空事官之属""监百工者，唐虞已上曰共工"。由此可见，早在周朝及春秋时期，官府就设置了对工匠的专门管理部门。汉代管理手工业的部门主要是少府、大司农等。隋唐时期主要的工匠组织管理机构是在中央设立的工部，还有专门的少府监、军器监、将作监等。明代管理手工业的最高机构是工部，下设司务厅、营缮、虞衡、都水、屯田四清吏司。

从春秋战国时期起，官府采用"物勒工名"的方式对工匠生产的产品进行质量管理。《吕氏春秋·孟冬》中有记载："是月也，工师校功。陈祭器，按度程，毋或作为淫巧以荡上心，必功致为上。物勒工名，以考其诚，工有不当，必行其罪，以穷其情。"工师是监工者，负责考察管理工匠，"物勒工名"是一种产品追溯制度，要求工匠把自己的姓名刻在产品上，若产品出现质量问题，则工匠要承担罪责。此外，还出台了诸如《工律》《工人程》《均工》等一系列法律与管理文件来加强对工匠及其制作产品的管理。先秦时期，民间工匠以物以类聚的形式在市镇设立店铺，在官府的统一管理下进行生产和销售。《论语·子张》中记载："百工居肆，以成其事。"这种工肆制度便于手工业的集中生产与管理。

从秦汉时期开始，官府建立了一整套匠籍制度（元代称为"匠户制度"）。凡在籍的手工业工匠，必须接受中央和地方官府专门主管机构的工役支配，按各级工役主管机构的指令为官府服劳役。为官府服役的工匠，在唐代称为"长上匠""短番匠"和"明资匠"，在元代称为"官匠""民匠"和"军匠"，在明代则称为"住坐匠"和"轮班匠"。到了清代顺治二年（1645），清政府废除了匠籍制度，"令各省俱除匠籍为民""免征京班匠价"，工匠匠籍身份从此在法律上获得解放，取而代之的是雇佣与被雇佣的关系，工匠自由身份和地位的获得，大大提高了其参与劳动生产的主动性和积极性。

综上可知，官府进行管理并直接参与手工业生产，从客观上促进了古代工匠技艺的提高及工匠精神的传承。

第二节　工匠精神的内涵和本质

一、工匠精神的内涵

近年来，在以习近平同志为核心的党中央的倡导下，大力弘扬工匠精神逐渐形成热潮。2019 年 4 月 3 日，经杭州市第十三届人民代表大会常务委员会决定，自 2019 年起将每年的 9 月 26 日设立为"工匠日"，作为尊重工匠、关爱工匠、学习工匠、弘扬工匠精神的重要载体。随着杭州全国首个"工匠日"的设立和上海市工人文化宫"上海工匠馆"的开馆，工匠精神再次成为全社会关注的热点。工匠们从不投机取巧，喜欢不断打磨自己的产品，对产品采取严格的制造和检测标准，不断地提高产品和服务，保证每一个部件的质量。真正的工匠在专业领域追求卓越、绝不停步，无论对材料、设计还是生产流程都精益求精，力争把一件事情做到完美极致，其精神实质蕴含了丰富的内涵。

（一）我国传统文化意义上的工匠精神

在中国，"工匠"一词最早出现在春秋战国时期，即在社会分工中开始独立存在专门从事手工业的群体时就已经出现，此时工匠主要是指从事木匠工作的群体。随着历史的发展，东汉时期"工匠"一词的含义已经基本覆盖全体的手工业者。古代工匠是指手工艺人，传统中的工匠精神是指手工艺人对产品精雕细琢、精益求精的一种精神理念和敬业态度。梳理我国工匠精神的历史发展，大致可以总结为四个阶段：以注重"简约朴素、切磋琢磨"为特征的孕育阶段；以崇尚"以德为先、德艺兼修"为特征的产生阶段；以主张"心传体知、师徒相承"为特征的发展阶段；以提倡"开放包容、勇于创新"为特征的传承阶段。

富含优秀传统文化且历史悠久的中华民族手工业发展不仅成就了工匠们，更创造出了具有工匠精神的民族文化。工匠精神所包含的"积极探索""精益求精""爱岗敬业""勇于创新"精神，是劳动者职业品质的继承与发展，是中华优秀传统文化的重要组成部分。

1. 工匠精神表现为尊师重道

自古以来，我国就有"一日为师，终身为父"之说。在我国，技艺的传授大多是依靠言传身教的自然传承来完成的，这种传承也是过去工匠学习本领的主要形式。与此同时，学徒要学到本领，关键在于自己的才智、对这项技艺的悟性以及刻苦练习的程度，学徒应该尊重技艺、虚心求取技艺、刻苦琢磨技艺，才能真正学好技艺；学徒学习技艺，更要做到尊师重道，徒弟在学习过程中对待师傅的态度也成了学成技艺的关键性要素。只有恪守尊师重道的传统，工匠精神才能代代相传、发扬光大。

2. 工匠精神表现为心灵手巧

巧，对于传统工匠具有重要意义。"巧"是工匠们的重要品德，人们通常会用"能工巧匠""巧夺天工""心灵手巧""熟能生巧"之类的词语来表达对工匠的赞美。美轮美奂的建筑、精致柔顺的丝绸、精致细腻的陶瓷，以及数不清的发明创造，无不体现出古代中国工匠无比的智慧和对完美的不懈追求。2009 年，"一寸缂丝一寸金"的缂丝技术作为中国桑丝织技艺入选世界非物质文化遗产。缂丝又名刻丝，是我国独特的丝织工艺制品，以千丝万缕成就丝绸艺术精华，制作工艺之巧可谓登峰造极。今天收藏于北京故宫博物院的《梅花寒鹊图》便是两宋时期著名缂丝艺术家沈子蕃的作品，被称为故宫的镇宫之宝。

3. 工匠精神表现为专心致志

当下，快节奏的工作步伐，在创造高效率的同时，也让许多人略显浮躁，很难静下心来琢磨一件事，更毋庸说耗时耗力终生只专注于一件事。

与此相比，中国古代工匠则体现了更高的境界——心斋。他们心无旁骛，进入"无待"的境界，似老僧入定，凝心静气，将全副身心合于自然，如此方成就鬼斧神工之器物。他们这种淡泊名利、宁静致远、一丝不苟的精神，在今天仍具有重要意义。

4. 工匠精神表现为勤奋进取

工匠大师们拥有高超技术，能在自己的专业领域内独树一帜，绝非一朝一夕之功。"师傅领进门，修行在个人"，过去的工匠们从学徒伊始，就要能忍受辛苦，闻鸡起舞，秉烛达旦，不断揣摩、深刻领悟师傅传授的技艺；同时还要锲而不舍，反复锤炼，可谓"匠"山有路勤为径，"技"海无涯苦作舟。著名京剧表演艺术家盖叫天先生被誉为"活武松"，他用一句话概括了自己的秘诀：练死了，演活了。为了练习圆目，他用火柴棍撑在上下眼皮之间；为了练成挺拔身姿，他走路时把削尖的竹子绑在腿弯处。舞台上光彩夺目的形象，背后是艺术家付出的无数的艰辛与磨砺。

5. 工匠精神表现为精益求精

崇尚严谨的作风、崇尚持之以恒的精神是中华民族的传统美德。工匠精神是中华民族传统文化的重要组成部分，《庄子》中的"庖丁解牛，技进乎道"，《尚书》中的"惟精惟一，允执厥中"，无一不体现了古代中国工匠们精雕细琢的精神风貌。中国古代工匠地位低微，生平事迹少见于典籍。欧阳修在《归田录》中记述了一位能工巧匠预浩的故事，"开宝寺塔在京师诸塔中最高，而制度甚精，都料匠预浩所造也。塔初成，望之不正而势倾西北。人怪而问之，浩曰：'京师地平无山，而多西北风，吹之不百年，当正也。'"。欧阳修能以"其用心之精盖如此，国朝以来，木工一人而已"赞之，可见他对开宝寺塔建筑的惊叹，对工匠预浩匠心独运、精益求精的赞赏。

6. 工匠精神表现为敬业乐业

敬业，是专心于业，忠心于业。朱子说的"主一无适便是敬"，就是说专心致志做一件事，并且只忠于心无二用，便是敬。古今中外被称为匠人的无不是干一行、爱一行、钻一行，从一而终，花费大量时间与精力刻苦钻研技能，不断追求完美与极致。工匠精神蕴含的敬业精神，就是对于自己所从事职业的尊敬和忠心、有责任心，必将其做到极致。百年发展的"工匠世家"，既是产品流传百年的精湛技艺传承，更是几代人对于职业的强烈责任与专注坚守。工匠精神还包含乐业情感，孔子说"知之者不如好之者，好之者不如乐之者"。乐业是建立在敬业基础之上的，因为专心致志，便乐在其中，将职业做出"趣味"。乐业情感上升为乐业精神，就是对职业的坚定信念，执着奉献，并能从职业中收获荣誉感和幸福感。

7. 工匠精神表现为推陈出新

创新是指抛开旧的，创造新的。追求新，是工匠精神的核心与灵魂。安于现状，就会止步不前，甚至不进则退。只有勤于思考，才能不断发现新的问题；只有不畏困难，敢于尝试用新的方法去解决问题，才能不断进取，推动新的进步，达到"青出于蓝而胜于蓝"的境界。工匠精神也体现了创造性思维的特质，它并不只是对手工操作技巧的简单模仿，更要求工匠们敢于别出心裁，不拘泥于旧形式。中华灿烂文明，孕育了无数能工巧匠，他们创新的产品令人叹为观止，他们孜孜以求的工匠精神更是令人肃然起敬。四大发明之一的活字印刷术，就是北宋时期的平民毕昇发明的。这位伟大发明家的创新令人叹服，更为推动文化的传播作出了杰出贡献。

（二）工匠精神的新时代内涵

在现代，"工匠"除了指传统的手工艺人外，还包括一线工人、技师及工程师等。新时代下的"工匠精神"内涵更为丰富，是所有从业人员的一种职业价值及行为表现，是他们在从业过程中对于职业的一种态度及精神理念。一般认为，工匠精神包括高超的技艺和精湛的技能，严谨细致、专注负责的工作态度，精雕细琢、精益求精的工作理念，以及对职业的认同感、责任感。但是，这只是对工匠精神一般意义上的理解，还缺乏对新时代中国工匠精神特殊性的研究。实际上，新时代的中国工匠精神，除了具有一般意义上工匠精神的内涵，还具有自身的特殊性，既是对中国传统工匠精神的继承和发扬，又是对国外工匠精神的学习借鉴；既是为适应我国现代化强国建设需要而产生的，又是劳动精神在新时代的一种新的实现形式，它与劳模精神、劳动精神构成一个完整的体系，成为激励广大职工实现中华民族伟大复兴中国梦的强大精神力量。党的十九大报告赋予了工匠精神新的时代内涵，概括起来就是爱岗敬业的职业精神、精益求精的品质精神、协作共进的团队精神、追求卓越的创新精神。其中，爱岗敬业的职业精神是基础，精益求精的品质精神是主导，协作共进的团队精神是保障，追求卓越的创新精神是灵魂。

1. 爱岗敬业的职业精神

爱岗敬业，是职业道德的操守，是忠于职守的事业精神。爱岗和敬业，相互依存，缺一不可，前者是后者的基石，后者则是前者的升华。具体而言，爱岗就是热爱自己的本职工作，将之视作事业，穷尽心力，奉献一生。爱岗，首先就要敬业。孔子称敬业为"执事敬"，朱熹把敬业解释为"专心致志，以事其业"。也就是说，对待职业要有尊敬之心、敬畏之心，忠于职守，心无二致。爱岗，还要精业，就是要有"钉子精神"，爱一行便钻一行，成为行家里手、岗位先锋；爱岗，更要奉献，"蓝领专家"孔祥瑞、"大国工匠"许启金、"最美奋斗者"黄大年，无不以"春蚕到死丝方尽，蜡炬成灰泪始干"的精神，作出了奉献岗位的最好注解。在中国制造的背后，无数默默奉献的"大国工匠"，正是以蜡炬精神燃烧自己点亮国家，诠释了新时代工匠精神的根本内涵，那就是爱岗敬业、无私奉献的职业精神。

2. 精益求精的品质精神

《朱熹集注》里说："言治骨角者，既切之而复磋之；治玉石者，既琢之而复磨之；治之已精，而益求其精也。"精益求精，由此成为追求极致的代名词。精益求精的品质精神，是工匠精神的核心。古往今来的工匠大师，无不身怀绝技，却永不停步，始终在追求卓越的山峰上攀登。"三百六十行，行行出状元"，在建设中国特色社会主义伟大事业的征程中，不同行业的劳动者通过对工艺或产品的精益求精，从技艺上悟"道"，以技艺报国，实现自己的人生价值。央视 2015 年推出的大型纪录片《大国工匠》，讲述了八位"大国工匠"匠心筑梦的故事。八双技艺精湛的能手在一刀一刻一丝一毫间，体现着对待自己工作的无比严格和挑剔。工匠精神体现在他们对细微之处的严谨处理上，体现在他们对自己产品的精雕细琢、努力提升品质的执着精神上，以及倡导质量至上、严谨认真、精益求精的作风上。他们是新时代建设者群体奉献报国的缩影，更是大国工匠精益求精品质精神的杰出代表。

3. 协作共进的团队精神

和传统工匠不同，现代工匠尤其是产业工人的生产方式早已不再是手工作坊，而是机器化大生产，每一个工匠所承担的工作环节，只是众多工序中的一小部分。因此，协作共进的团队精神是新时代工匠精神的明显特征。例如"复兴号"列车的生产，一节车厢就有 37 000 多道工序，这么多道工序，一个人是不可能完成的，必须由车间或班组即团队协作来完成。团队需要的是协作共进，而不是各自为战。因此，协作共进的团队精神是现代工匠精神的保障。协作，就是团队成员的分工合作；共进，就是团队成员的共同努力、共同进步。

4. 追求卓越的创新精神

和协作共进的团队精神一样，追求卓越的创新精神也是新时代工匠精神的内涵之一，甚至是新时代工匠精神的灵魂。传统的工匠精神强调的是继承，祖传父、父传子、子传孙，是传统工匠传承的一种主要方式，而新时代的工匠精神则强调的是在继承基础上的创新。因为只有在继承基础上的创新，才能跟上时代前进的步伐，推动产品的升级换代，以满足社会发展和广大人民日益增长的对美好生活的需要。有无追求卓越的创新精神，是判断劳动者能否被称为新时代工匠的一个重要标准。

二、工匠精神的本质

工匠精神的内涵提示人们，工匠精神是一种职业精神，是职业道德、职业能力、职业品质的体现，是从业者的职业价值取向和行为表现，而这就是工匠精神的本质。

（一）职业价值取向

工匠精神的最大特质是从业者的职业价值取向。它一方面体现在从业者恪尽职守、严于律己的职业道德，另一方面体现在从业者的职业责任心。这些特质体现在工作的过程中，表现在从业者不但极为注重细节，追求完美和极致，而且对工作满腔热爱、细心执着、认真负责。

1. 职业道德观

佛山市禅城区柏林艺术馆馆长潘柏林认为，工匠精神是一种道德观，意味着从心底里认为要把自己最好的作品、产品带给受众。正所谓专注成就专业，专业成就品质，工匠精神所体现的无疑是一种为工作而献身的道德观。

有人统计过，要想成为某一领域的专家，需要投入10万小时的专注。而一天只有24小时，这也就意味着，那些成为本行业工匠的人，会牺牲自己娱乐、休息乃至与亲友团聚的时间。一个人要想成为本行业的工匠，还要有对产品品质、专业技术永无止境的追求，投入自己全部的精力。中国古代的庖丁在解牛时，之所以达到"以神遇而不以目视，官知止而神欲行"的境界，就源于其专注而投入的精神。因此，相当多的人羡慕工匠大师的成就，但他们却不知道这耀眼光环的背后，是多少个日夜的寂寞、执着与付出。可见，工匠精神毫无疑问是职业道德的最高境界，即一个人能守得住梦想，坚定执着，以苦为乐，为梦想而奉献一生。

火箭"心脏"焊接人高凤林，35年如一日地重复做着同一件事——为火箭焊"心脏"，即为火箭的发动机喷管焊接。火箭发动机的喷管上有数百根几毫米的空心管线，管壁的厚度仅为0.33毫米，高凤林通过3万多次精密的焊接操作，将它们编织在一起，其焊缝的粗细可与头发丝相媲美，而长度可以绕标准足球场两周。为了避免操作失误，他能连续10分钟不眨眼。35年中，他就这样坚持着，为130多枚长征系列运载火箭焊接"心脏"，助推火箭，使之成功上天。从高凤林的身上可以看到一个"大国工匠"的价值核心：不是将工作看作赚钱的工具，而是对其心存敬畏，以执着的态度对待它，以认真负责的态度服务它，在工作过程中注重细节，以期为用户打造完美和极致的服务。在工作的每一个环节，均体现了工匠对待工作一丝不苟和精益求精的态度。这是一种对工作和专业的专注与执着，是对所做事情和产品的精益求精、精雕细琢的态度，更是其技艺精湛的体现，是做事心到、神到的双剑合璧，是其职业道德的体现。

2. 职业责任心

就职业价值观而言，工匠精神还意味着把工作做到极致，为自己的产品负责。卓越的工匠对自己的工作始终怀有敬畏之心，重视和尊重自己的职业，尊重每一件产品。这种对职业和产品全心全意的精神也推动了工匠本人及行业的传承与创新，驱使他们行动的就是其内在的责任心和使命感。因此，工匠精神，既是一种做事的态度，也是一种从业的追求；既是对自我的期许，也是对他人的承诺。堪称工匠者，必有对事业的执着与专注，对细节的关注和对品质的追求。其中体现的就是责任意识和责任感。

钳工顾秋亮 43 年埋头苦干，踏实钻研，挑战极限，专注完成十几万个零部件的组装，只为让中国首个大深度载人潜水器"蛟龙"号成功入海。潜水器的载人球的球体与玻璃体的接触面，必须控制在仅为一根头发丝的 1/50～1/5，他率领团队仅靠眼看、手摸，就完成了别人需要用精密仪器才能完成的工作。

无论高凤林，还是顾秋亮，能几十年如一日地专注于同一份工作，苦心钻研，执着敬业，只是为了自己内心的价值追求——不负所托、不负所信，助力国家的科技事业。他们的工作已经不仅仅是一份工作，而是成为一份信念、一份执着。这正是工匠精神的本质。

（二）大道至简的境界

工匠精神的内涵包括学道和弘道，那么何为"道"？道既成就于技艺，又超越无技艺，是在技艺完成的过程中对其工作的热爱。这是工匠精神本质的又一体现，即毕生追求人生的最大价值和理想，以达到最崇高的精神境界。

飞机零件加工的工作，在价值 100 多万元的精锻零件上，凭着一双手和一台传统的铣钻床，仅用一小时的时间，就在上面打磨出精度要求 0.24 毫米的大小不一的 36 个孔，可谓"前无古人"。而这样的零部件，在他 35 年的工作历程中，加工的数量达到数十万个，而且无一件次品。精细是航空工业的首条工作要求，大飞机的零件加工更是如此，其精度要求达到 1/10 毫米级，即相当于人的头发丝的 1/3。胡双钱能做到，是因为他的工作技艺已经进入道的境界，达到了"技可进乎道，艺可通乎神"的程度，即他的技艺已经达到巅峰，而这样的成功是通过长期的反复的实践、琢磨、感悟而获得的。能在长期的工作中钻研业外人甚至业内人都认为枯燥无比的工作，只因为他们内心对人生价值和理想的追求，以及其内在崇高的精神境界。当这种追求和境界达到某种程度时，就已经是"无为无形"，只可意会，不可言传了。

第三节　我国工匠精神的当代创新

一、工匠精神的当代背景

进入新时代，我国社会和经济发展面临重大变革，产业转型升级、供给侧结构性改革、创新驱动发展战略，正合力推动我国从一个制造大国迈向制造强国，我们需要大国工匠、需要工匠精神。当前，我国经济发展进入新常态，经济发展已不再是总量扩张的过程，而是结构的转型升级。我们正处于转变发展方式、优化经济结构、转换增长动力的攻坚期，要实现我国经济发展换挡但不失速，推动产业结构向中高端迈进，关键在于制造业。制造业是国民经济的支柱产业，是工业化和现代化的主导力量，是衡量一个国家或地区综合经济实力和国际竞争力的重要标志。人才是实现制造强国的根本，要加快培养制造业发展急需的经营管理人才、专业技术人才，建设一支素质优良、结构合理的制造业人才队伍，走人才引领的发展道路。制造强国战略目标的实现，不仅需要高端的工程技术人才，也需要精英管理人才，更离不开高水平技术技能人才，特别是具有精益求精、追求卓越精神的工匠人才。弘扬工匠精神能有力地推动我国由制造大国向制造强国转变。

工匠精神已成为新时代对我们每一个人的要求，成为新时代我们每一位劳动者追求的新名片。正如亚力克·福奇所说的："在新时期所弘扬的工匠精神不再是手工业者的职业道德追求，而应是所有人的行为追求。"新时代的工匠精神超越了原来工匠精神"工"的范畴，它作为一种劳动价值观应是所有从事物质和精神产品生产的劳动者所秉持的一种职业态度，促使每一位劳动者在工作岗位上刻苦钻研，精益求精，追求更高的质量、更优的品质，这种职业态度具有重要的现实价值。因此，新时代每一位劳动者都应作为工匠精神的践行者和发扬者，助推新时代历史使命的早日完成。

二、工匠精神的当代价值

新时代呼唤工匠精神，究其根本在于工匠精神的内在价值，这种价值强调的不仅是其历史作用，更是其现实价值。当前，人们应紧扣时代发展的需要，深刻认识工匠精神的积极作用和时代价值，从而理解弘扬工匠精神的必要性和紧迫性。

(一) 工匠精神是建设创新型国家的重要推动力量

党的十九大报告指出，创新是引领发展的第一动力，是建设现代化经济体系的战略支撑。

加快建设创新型国家，就要瞄准世界科技前沿、强化基础研究，加强国家创新体系建设、涌现原创科学成果，深化科技体制改革、强化企业创新主体。而这些重大举措的推进和重大成效的实现，不仅需要一大批具有国际水平的科技人才、科技领军人才、青年科技人才和高水平创新团队，还需要一大批专业技能突出、创新能力强、善于解决实际问题的高水平技术技能人才。一大批具有工匠精神的高素质技术技能人才，是新时代推动建设创新型国家的坚实基础和生力军。

古往今来，工匠一直都在改变着世界，热衷于技术与发明创造的工匠是每个国家活力的源泉。以四大发明为标志的中国古代技术创新活动体现了中华民族不断进取的探索精神。流传至今的鲁班、李冰、蔡伦、李春等都是我国勤于实践、勇于创新的千古名匠，他们深刻体现了工匠精神中持之以恒的坚持和对创新的不懈追求。创新也成为在建设创新型国家背景下当代工匠精神最核心的内涵之一。新时代富有创新精神的工匠精神突出表现在，面对生产实践中出现的新问题，能积极创新，应用新技术、新工艺、新材料、新设备创造性地予以解决，以提升生产效率和产品质量。

创新是工匠精神的题中应有之义，弘扬工匠精神就是要营造崇尚劳动、崇尚技能、鼓励创新的氛围，进一步激发劳动创新、技能创新的活力，加快建设创新型国家的步伐。

（二）工匠精神是企业提质创牌的重要推动力量

市场经济的主体是企业，建设市场经济的关键在于打造符合现代市场经济要求的企业。改革开放以来，我国经济高速发展，然而，在面对大量发展机遇时，过于注重速度与效率容易使人们变得急功近利。一个品质至上的时代已经来临，中国企业着力提升品质、打造品牌已经刻不容缓，而这一切离不开工匠精神的引领。2016年《政府工作报告》中提出，鼓励企业开展个性化定制、柔性化生产，培育精益求精的工匠精神，增品种、提品质、创品牌。时代需要工匠精神，中国企业的发展需要工匠精神，工匠精神是企业提品质、创品牌的关键，是支撑"中国制造"从"合格制造"走向"优质制造""精品制造"的精神动力。精益求精的工匠精神能够让企业在生产过程中专注于每一件产品，将产品细节做到极致，推动品质升级，通过产品的高品质形成自身的品牌优势。华为坚持每年将10％以上的销售收入用于研发，其产品销售到全球上百个国家和地区。执着坚守"炮制虽繁，必不敢省人工；品味虽贵，必不敢减物力"理念的同仁堂，以传承百年的实践证明，企业要把工匠精神融入研发、设计、生产、质量等经营管理的各个环节中去，把精神转化为行动，把产品质量做到极致，让工匠精神真正助力企业提品质、创品牌。

（三）工匠精神是个体成长实现价值的重要推动力量

马斯洛需求层次理论将人的各类需求按照一定的层次和标准进行划分，其中，生理需求是最低层次的需求，而自我实现的需求是最高层次的需求。这说明人在满足自己的衣食住行等基本需求后，需要通过不断提升和完善自己，充分发挥个人能力，追求最高境界和愿景，最终实现个人的自我价值。工匠精神作为一种精神力量，在促进个体发展的过程中起着价值引领、方法目标、实践动力的作用，有利于将人的需求由低到高逐层推进，从而满足个体生存的需要，实现个体的职业认同和提升个体的社会价值，推动个体成为有理想、有本领、有担当的时代新人。

　　个体成长需要自身能力的提升，而自身能力的提升离不开社会实践活动，工匠精神正是社会物质生产实践活动的成果，对个体能力提升能起到实践指导作用。首先，工匠精神能提升个体的物质生产能力。工匠的"造物"活动是一种持续性的创造性劳动，需要工匠对技艺和产品进行持之以恒地钻研和完善，在这种持续性的活动过程中，工匠充分利用并不断提升自己的能力，推动个体成长与成才。其次，工匠精神有利于实现个体价值。个体价值是自我价值与社会价值的有机统一，在实现自我价值的同时也在创造社会价值。工匠精神是推动个体价值实现的一种精神力量，也是一种实践动力。实践是人类生存和发展的基础，作为在劳动实践中产生的工匠精神，倡导人们通过劳动实践去实现自我价值与社会价值，这也是个体发展的最终落脚点。

三、工匠精神的当代践行

　　当前，我国社会的主流价值观是社会主义核心价值观。社会主义核心价值观是当代中国精神的集中体现，凝结着全体人民共同的价值追求。工匠精神所体现的崇尚劳动等基本价值内涵与社会主义核心价值观完全相同，人们要深刻领会社会主义核心价值观的内涵要义，将其内化于心、外化于行，在社会主义核心价值观的引领下勇做践行工匠精神的先锋，使工匠精神成为全社会、全民族、全体劳动者的价值导向和精神追求，让工匠精神与社会主义核心价值观共同激励人们为实现美好生活而努力奋斗。

(一) 社会主义核心价值观的基本内涵

　　党的十八大报告明确提出，倡导富强、民主、文明、和谐，倡导自由、平等、公正、法治，倡导爱国、敬业、诚信、友善，积极培育和践行社会主义核心价值观。这一重要内容中的 12 个词分别从国家宏观层、社会中观层、个人微观层三个层面，全面而具体地阐述了这一价值观的内涵。

　　"富强、民主、文明、和谐"是从国家层面出发所追求的价值目标，是人们共同追求的价值目标和对未来美好生活的期盼。"自由、平等、公正、法治"是从社会层面出发所追求的价值目标，是社会不断进步和发展的需要，是一种对社会秩序的深刻表达与基本要求。"爱国、敬业、诚信、友善"是从个人层面出发所追求的价值目标，体现了个人生存与发展所需要的基本道德品质的要求。

(二) 工匠精神与社会主义核心价值观的关联性

　　工匠精神与社会主义核心价值观同为意识形态，起源于中华优秀传统文化。尽管两者在形成的历史背景、使用范围、核心内容等方面有着或多或少的区别，但通过比较分析工匠精神与社会主义核心价值观的内涵可知，两者指导思想契合，教育对象一致，知识结构匹配，实施内容相近，协同基础扎实，在很多方面存在同质关联性，是相互促进、相辅相成的耦合关系。

　　从基本内容来看，工匠精神的核心内容是爱岗敬业、精益求精、专注严谨，是公民职业道德的具体体现；爱国、敬业、诚信、友善是社会主义核心价值观在公民个人层面的价值准则与基本遵循。工匠精神蕴含的职业理念和价值取向与社会主义核心价值观的内涵高度一致。从实践过程来看，工匠精神的载体是劳动，强调以劳动为基础，脚踏实地，持之以恒，不断创新，完善产品，在劳动中发挥自我价值、创造社会价值。社会主义核心价值观也强调劳动者的主体地位，倡导人们爱岗敬业、诚信为本，凭借劳动实现人生价值，获得社会认可。由此可知，工匠精神与社会主义核心价值观都崇尚劳动，强调通过劳动实践实现个体价值。从实践结果来看，工匠精神倡导劳动者在制造产品的过程中，通过技能提升和技术革新创造出更多高品质的产品，满足市场消费需求，促进经济发展与社会繁荣。社会主义核心价值观也致力于倡导人们齐心协力，共同建设富强、民主、文明、和谐的社会主义现代化国家。因此，工匠精神与社会主义核心价值观是一脉相承的，存在同质关联性。弘扬工匠精神是遵循社会主义核心价值观个人层面价值目标的重要体现，社会主义核心价值观为工匠精神培育提供了坚实的思想基础和精神动力，两者耦合基础扎实，相辅相成，共同发展。

（三）社会主义核心价值观引领下的工匠精神践行与创新

作为一种职业价值观，新时代工匠精神的弘扬和培育必须以社会主义核心价值观为指引，从国家层面的富强文明、社会层面的平等公正和个人层面的敬业诚信方面与社会主义核心价值观保持一致，把新时代工匠精神的培育与社会主义核心价值观的践行结合起来，使新时代工匠精神永葆生机与活力。

1. 践行新时代工匠精神应体现富强文明

为实现中华民族伟大复兴的中国梦和中国特色社会主义现代化强国的愿景，国人的家国情怀不断汇聚升腾，富强、民主、文明、和谐成为国人共同追求的价值目标。国家富强是近代以来中华民族的热切期盼，大力践行社会主义核心价值观有助于国家富强文明的实现。在国家的大力宣传和号召下，工匠精神作为新时代的重要精神，被赋予了精益求精、勇于创新的新时代内涵，培育和践行工匠精神是对社会主义核心价值观的生动体现。在社会主义核心价值观的正确指引下，新时代工匠精神有利于激发国人勇于担当国家使命，有利于坚定国人的爱国理想和信念，有利于改变国人的精神面貌，对于国家富强目标的早日实现、国家整体文明水平的提升具有明显的促进作用，是推动经济转型发展、国家富强文明的重要精神支撑。习近平总书记强调，劳动最光荣、劳动最崇尚、劳动最伟大、劳动最美丽。在社会主义核心价值观指引下的工匠精神培育与践行，最为重要的就是要树立"劳动光荣"的新风尚。为此，应加大对工匠精神的宣传力度，发挥先进榜样的引领作用，让工匠精神成为所有从业者的价值追求，更好地汇聚国人的力量。中央电视台大型纪录片《大国工匠》讲述了高凤林等8位不同岗位的劳动者，用灵巧双手匠心筑梦的故事。正因为有这样的大国工匠将工匠精神与技能传承下去，我们乃至后人，才能遇见国家未来更美好的富强文明。

2. 践行新时代工匠精神应体现平等公正

社会主义核心价值观中的"自由、平等、公正、法治"是立足于社会层面的价值目标。其中，实现社会公正和人的平等一直都是人类不懈的价值追求和美好理想。早在古希腊时期，柏拉图就把公正视为理想政体的重要德性。美国著名哲学家约翰·罗尔斯也把社会公正看作社会制度存在的首要价值。马克思认为，在共产主义社会第一阶段，生产者的权利是同他们提供的劳动成比例的，平等就在于以同一尺度——劳动来计量。即在社会主义条件下，劳动成为衡量社会平等的重要尺度，有劳动能力的人，不管从事什么职业，付出等量劳动就可以获得等量报酬，反对不劳而获侵占他人的劳动成果。恩格斯同时指出，平等应当不仅是表面的，不仅在国家的领域中实行，它还应当是实际的，还应当在社会的、经济的领域中实行。在新时代，平等公正也是社会主义核心价值观在社会层面的重要价值准则。只有在平等公正的社会中，人们才能各得其所、安居乐业。

工匠精神是践行社会主义核心价值观、弘扬劳模精神和劳动精神的具体实践，工匠应通过个体劳动实现平等公正，进而实现自我价值和社会价值。但我国长期以来"学而优则仕"的传统观念，衍生出"万般皆下品，唯有读书高"的价值观，以及"劳心者治人，劳力者治于人"的人才观。在士农工商、四民分业制度的影响下，社会层次划分以"士农工商"作为高低贵贱的考量标准，工匠阶层在社会等级序列中地位低下，很多不入统治阶级"法眼"的工种门类直接被归为"三教九流"。这些传统文化和思想观念的影响沿袭至今，造成了当代培育和传承工匠精神的文化土壤缺失，社会平等公正的良好风尚难以形成。

构建公正的制度体系是弘扬工匠精神、营造良好社会风尚的有效之举。正如柏拉图在《理想国》中所说的："为了把大家的鞋子做好，我们不让鞋匠去当农夫，或织工，或瓦工。同样，我们选拔其他的人，按其天赋安排职业，弃其所短，用其所长，让他们集中毕生精力专搞一门，精益求精，不失时机。""木匠做木匠的事，鞋匠做鞋匠的事，其他的人也都这样，各起各的天然作用，不起别种人的作用，这种正确的分工乃是正义的影子。"柏拉图认为，如果让鞋匠去做农夫的事情，让织工去做瓦工的事情，不仅无法制造出优良的产品，还可能对国家造成危害，这是对公平正义的侵害，所以，各人按天赋所长从事各自的职业，就是正义的体现。正义原则为构建公正的制度体系和弘扬工匠精神奠定了理念基础，引导全社会进一步确立崇尚劳动、崇尚技术、崇尚创新的价值观念，促进形成"崇尚一技之长、不唯学历凭能力"的社会风尚，将工匠精神升华为社会大众和全体劳动者的信仰，使之成为人人尊崇的价值准则。

3. 践行新时代工匠精神应体现敬业诚信

梁启超先生在《饮冰室合集》中曾这样论述"敬业"：一个人对于自己的职业不敬，从学理方面说，便亵渎职业之神圣；从事实方面说，一定把事情做糟了，结果自己害自己。所以，敬业主义于人生最为必要，又于人生最为有利。由此可见敬业的重要性。敬业是工匠精神的本质体现，也是社会主义核心价值观在个人层面的价值目标。在新时代工匠精神的基本内涵中，爱岗敬业是其本质体现，从业者尽最大的努力做好本职工作，把从事的职业当作事业来对待，持续专注，全身心地忘我投入，以敬业乐业的态度对待每一项工作任务，干一行爱一行、爱一行专一行，体现出基本的职业精神和职业价值观。当社会中具有爱岗敬业工匠精神的群体越来越多时，崇尚敬业精神的社会风尚也会不断形成。

社会主义核心价值观中的"诚信"强调的是公民诚实劳动、信守承诺，这也是社会主义道德建设的重要内容。诚信是一种普世价值观，是社会对每个人的要求，也是成为合格中国公民的要求。只有个人诚实守信，获取他人的信任，才能建立良好的社会关系，它是良性社会关系建立的重要保障。"诚信"是我国传统文化中的一种道德传统，也是工匠精神得以传承和发展的儒家文化基础中的"五常"之一。孔子曾说过"无信不立"，一个人如果不讲诚信，不守信用，那么在社会中将难以立足。新时代工匠精神作为一种以产品品质为价值导向的职业价值观，它要求从业者爱岗敬业、诚实守信、精益求精、专注求新，这些特质正是产品品质的有力保障，而产品品质有保障又是从业者诚信的直接体现。中国古代工匠制作产品"物勒工名，以考其诚"，即把自己的姓名刻在产品上来保证产品质量，未尝不是对工匠诚信的一种鞭策。

新时代工匠精神强调的爱国主义情怀、敬业奉献精神、诚实守信品质，与社会主义核心价值观的内涵相一致，践行这一精神所体现的富强文明、平等公正、敬业诚信，正是社会主义核心价值观所追求的目标与愿景。由此可知，传承与发扬新时代工匠精神就是在践行社会主义核心价值观。

第四节　工匠精神的教育功能与时代需求

一、工匠精神的教育功能

思政教育作为一种实践活动，主要是为了增强受教育者的思想意识。随着时代的不断向前发展，工匠精神并没有过时，反而历久弥新，坚定了一代又一代人的理想信念，让他们不断克服重重困难，为实现人生价值和中华民族的伟大复兴树立坚定的信仰。从学术层面来看，学者们普遍认为工匠精神的基础是敬业精神，核心是创新精神。宣扬工匠精神可以为思想政治教育工作者的工作提供指导，工匠精神蕴含的思政教育功能对当代青年树立正确的择业就业观念、浓厚的职业情感和优良的职业作风也具有重要意义。同时，工匠精神作为一种意识形态，对思政教育有着特定的功能。工匠精神内涵丰富，对社会发展具有重要意义，作为一种优秀的文化资源，其意义主要体现在教育功能上。

（一）丰富优秀传统文化

中华优秀传统文化，是社会主义文化强国的血脉和筋骨，是国家文化软实力的起源和根基，是中华民族文化自信的初心、底气和定力。工匠精神是民族传统文化与国家文化的重要组成部分，是中国历史文脉的基因。工匠精神在中国历经五千多年的发展，所累积的成果是中华文明的灿烂与辉煌，是中国工艺在世界文化多样性中最具国家化意义的特征与代表。从陶器到玉器、从四大发明到《清明上河图》，中华民族早期文化所表现出的创造精神与精湛工艺，开启了中华文明的先河，并在提升、丰富中使之传续与发展。一部中华文明史凝聚了历朝历代工匠们的智慧和创造。

（二）弘扬敬业乐业精神

在科学技术日新月异的今天，用人单位对劳动者的素质要求越来越高，与此同时，许多年轻人的心态却越来越浮躁。据我国人力资源和社会保障部统计，2020 年，全国的高校毕业生人数高达 874 万，在问卷调查中多数大学生表示对所学专业不满意，对未来的发展方向表示迷茫。而在已工作的大学毕业生中，超过 30％的劳动者因为对现状的不满而频繁跳槽。人才资源的流动，虽然在一定程度上有利于促进社会发展和进步，但是从业者频繁转换职业，侧面反映了浮躁的社会心理。许多工作并非一蹴而就，需要劳动者潜心钻研，才能收获成功。纵观古今，凡是在工作领域做出成绩的，无不是敬业奉献的典型。工匠精神蕴含的敬业乐业态度，对引导当前大学生树立正确的职业观具有重要意义。2018 年 "大国工匠年度人物" 中最年轻的陈行行只有 29 岁，是中国工程物理研究院机械制造工艺研究所加工中心的一名操作工。他能在全国众多杰出候选人中脱颖而出，荣登 "大国工匠年度人物"，足可见其技能之强、贡献之伟。陈行行毕业于高职院校，凭着勤奋与对职业的热爱，坚守在平凡的岗位上，终于练就精湛技能，报效祖国。"投身国防，扎根岗位，技能成就人生，学习创造未来。" 陈行行实践了自己立下的人生信条，他的成功之路所蕴含的敬业乐业的工匠精神，无疑对当代大学生具有深刻的启示作用。

（三）引领严谨求精作风

《礼记·月令》记载："物勒工名，以考其诚，功有不当，必行其罪，以穷其情。""物勒工名"制度的出现促使工匠在生产制作过程中尽心尽力、精雕细琢，对提高手工业产品质量有重要意义。这一质量考核制度催生出无数优秀的工匠大师，使众多经典作品流芳百世，更为人们留下珍贵的非物质文化遗产。2015 年 9 月 25 日，北京故宫博物院举办 "故宫博物院文物保护修复技艺特展"，首次为世人揭开了文物修复技术工作的神秘面纱。2016 年年底，一部以工匠修复师为主角的纪录片《我在故宫修文物》更是火遍大江南北。工匠修复师们运用 "古法" 加 "今术"，保护了珍贵的有形文化遗产，更向人们展示了精彩绝伦的文物保护与修复这一传统技艺。工匠修复师们的一双双巧手，诠释着精益求精的工匠精神，也推动了我国文化强国建设事业的不断发展。

（四）倡导勤学创新品质

工匠精神强调专注、坚持甚至是执着、痴迷，但这并不意味着工匠精神是墨守成规、故步自封的，它在追求极致的境界中蕴含着不断创新的动力。比如，我国古建筑中首次采用榫卯结构的杰作 "鲁班锁"，就是传统手工艺品中严谨且富有创新意识的代表作品。"江山代有才人出"，步入新时代的中国正在奔向技术强国的快车道，各行各业的劳动者在科技领域中大胆探索，诠释了新时代的工匠精神。中国宝武集团宝钢股份热轧厂钳工、高级技师王军的一项技术革新，一年就节省了一个西湖的水量；许启金是国网安徽省电力有限公司宿州供电公司输电运检室带电作业班班长，他勤于学习创新，带领团队研发了 54 项科研成果，获得了 41 项技术专利。年轻一代，不仅需要传承老一代工匠大师的技术，更需要激发自身的创新活力，引领中国制造"真正走向"中国智造"。

二、教育工匠的时代需求

工匠精神尽管在不同行业的工匠身上体现不同，但本质上都体现了这些从业者勇于承担起责任，对自己负责、对社会负责的精神实质。高校辅导员，承担着人才培育的工作，肩负着为国家输出人才的重任，同样也需要具备这种工匠精神。因为时代呼唤教育工匠。

（一）社会现状需要匠心沉静

著名作家王蒙说过："人的一生要做许多事情，但最重要的不是知道自己应该做什么，而是清醒地知道自己不应该做什么。"然而，如今社会上的浮躁之气盛行，就连自古以来以清静著称的教育界也未能幸免。

1. 社会的浮躁之气

何为浮躁？意为急躁，不沉稳。当今社会是一个个性张扬的社会，然而也是自由主义泛滥、野蛮与文明交织的社会。在这个人类走向文明理性的必经程序和重要发展环节中，越来越多的人变得浮躁，以致浮躁之气大行其道。

首先，很多人存在急功近利的心理。人们渴望一夜暴富，无法静心生活和工作；人们惑于花花世界的一切，为了钱和权而不择手段。有些人为了金钱，不惜触碰法律底线；有些人被权力的巨网笼罩，不惜做出祸国殃民之事……在时代发展和经济进步的同时，许多人为了追求一己私利，失去了自我。精神被物质阉割，实用取代理想，心灵被欲望掏空，个体的人生价值观扭曲，这样的人，又怎么可能静下心来踏实做事、认真做人？

其次，随着社会发展进程的加快，很多人承受着极大的现实压力，其中包括个人成长的压力、工作要求的压力，以及满足个人需求的压力。种种压力叠加，让个体受到了难以抗拒的冲击。他们急于改变自己、提升自己，却忘记了万丈高楼平地起，没有扎实的地基，何来屹立不倒的高楼？结果，有人工作中偷工减料，这山望着那山高，在一个领域内还没有钻研明白，就急着跳槽，只为了略高的薪水或是优越的工作环境；然而到了新的环境，接手新的工作，没等羽翼丰满，就又想寻找自以为更合适的机会……最终，陷入恶性循环，个人没能获得更大的进步，事业未能获得更大的提升。

最后，以上种种浮躁之风，延伸到人际交往、家庭生活中，导致个体或群体的内心，充斥着的不是积极向上的心态，而是各种抱怨：对工作的抱怨，对生活的抱怨。慢慢表现为对人的抱怨：子女抱怨父母没能力，父母抱怨子女不孝顺；老板抱怨员工不努力，员工抱怨老板不人性化……当人际交往中失去了那份温情，失去了互相激励的上进动力，又怎能期望个体或群体树立崇高的目标，并为之无怨无悔地奋斗，进而达到更高的人生境界呢？

2. 教育界被功利心污染

伴随社会的浮躁之气，教育腐败、教育产业化、教育僵化等问题浮出水面，理应沉稳的教育被功利的社会搅得日趋失去理智，偏离原来的方向。

首先，教育腐败打而不死。金钱主义、消费主义盛行，让原来该专注教育的人，开始将目光投向个人得失。为了获得名与利，打着各种旗号的竞赛活动和补课活动开始在基础教育领域层出不穷，诸如各种特长生的培训，教师各种方式变相参与课外补课获利，为了职称评定不惜请人代笔、重金买稿。

其次，教育产业化挤压了教育的良性发展空间。各种打着自主阅读、体育、艺术、科普以及娱乐游戏、拓展训练等旗号的培训机构，将诱饵抛向望子成龙的家长，正常的校内学习空间被挤压，以至于学生平时忙于这些活动，严重影响了学生的学习精力，分散了学生的注意力。更为严重的是，一些学校的课后服务演变为变相的课后集体补课、奥数培训等，有的学校甚至以开展课后服务为名，将学校资源提供给社会培训机构谋利。

最后，教育僵化现象严重。为了将更多的时间节省下来，或是为了享受生活，相当多的教师一本教案、一套方法、一套习题，教了一届又一届学生，老生常谈，老调反复弹。教师的省心省力，导致教学专业化水平下降，学生厌学现象严重。

(二) 人才的培养呼唤匠者精神

教育界的浮躁之气，表现在部分家长择校现象严重，挑师现象层出不穷；部分教师为了学生考取高分，一味地追求眼前利益，忽视了人才素养的培养，忘却了教育的本质。教育是慢的艺术，是需要静心的事业；学生不是流水线上的产品，不能盲目追求生产速度和经济回报。他们这样做会导致人才素质的下降，公众素养的相对缺乏。为了让教育回归本真，为了让教师走上专业化，为了人才的培养，教育界呼唤匠者精神。

1. 未来社会的特征

伴随科技时代的到来，人工智能飞速发展，变革成为社会的主旋律。日新月异的社会，在未来将表现出如下特征。

首先，行业发展将越来越垂直、细分，人际协作性越来越强。在这样的社会中，个体的个性及特长将得到极大的发展空间，个体将不必为自己的短板而担忧，只要将自己的长处发挥到极致，自有生存空间。因为伴随着自由职业的兴起，个体将凭借自己的特长，在各种垂直的平台上获得新生、得到发展。

其次，人类的工作方式发生质的变化，将从单纯为谋生的心态，发展到为创造和体现个人价值。这决定了未来社会的人，不能仅依靠出卖劳动力，而是要发挥主动性和创造性，只有竭力发挥个人特长、主动思考去解决问题，为社会和他人创造价值，才能获得生存价值，才能获得成长和生存的空间。

最后，人际关系发生质的变化。未来社会的人际交往，将以价值分配为衔接点，依靠价值传输，个体获得各种资源和关系，于是个体的外在需求开始转向内在需求，个体不但要坦诚地面对自己真实的一面，直面自己的不足，而且要不断提升和学习，做最好的自己，才能将外界的美好，即个人所求吸引过来。

2. 未来社会的人才特质

人才，即有品德、有才能的人。在人类社会的发展史上，人才是利国兴邦的利器。任何一个社会或组织的发展均离不开人才。那么，未来社会需要的人才应具备怎样的特质呢？

(1) 敏捷的学习能力。

所谓敏捷的学习能力，一方面是指，通过尝试新行为、获得反馈，并且快速作出调整以灵活应对新事物新经验的能力；另一方面是指，在不清楚做的方式或方法的况下能解决问题，并从中学到新东西的能力。

具有敏捷的学习能力的人才，表现出对事物始终保持好奇心，能不断打破边界，愿意以开放的心态探索未知的领域。他们不惧暴露自己的不足和弱点，能主动去提升和学习，让自己始终处于知识和能力的饥渴状态，超越自己原有的边界和舒适区。具体表现为：一是开放的态度和心态，二是敏锐的机会发现能力，三是强烈的质疑和开拓能力，四是灵活的应变能力，五是强烈的使命感、责任感和挑战意识，六是超人的自我反思能力。

(2) 高度的同理心。

何为同理心？泛指心理换位、将心比心，表现为对能设身处地对他人的情绪和情感的认知性的觉知、把握与理解，具体体现在情绪自控、换位思考、倾听能力以及表达尊重等与情商相关的方面，是人这种社会动物的元素质，也就是最核心的几个素质之一。

未来社会的人才，必定要具备悲天悯人的特质，即能对他人的困境和苦难抱有同情心和慈悲心，且尽可能伸出援手。前文提过，未来社会是一个需要高度协同合作的社会，这就决定了个体要具备与人合作的能力，在合作中提升自我价值，从而承担更重大的事业，让自己的才华得到展示。

一个具有高度同理心的个体，能感知合作者的想法和感受，能与对方心灵相通。简单地说，即能如同钻入他人的内心一样，了解对方的想法，在合作中将心比心，进而促成团队合作，提升团队的工作效率。

(3) 坚毅宁静的品格。

安杰拉·达克沃思在其《坚毅》一书中指出，成功者之所以成功，并非仅仅由于其聪明，也并非由于其能干，而是源于其坚毅的品格。正是这种品格，让个体能保持长期的激情，能经受住打击和挫折，以过人的韧劲获得成功。这种品质正是未来社会人才必备的品质。而具备此种品质的人才，必定表现出对一件事能保持长久的兴趣，且能坚持做下去；在挫折面前能让自己复原反弹，能屡败屡战、锲而不舍，在难过、沮丧，甚至痛不欲生的时候，能坚定地站立起来，并获得成长；能对正在努力的事情相当执着和专注等。

所谓宁静，是能保持情绪的稳定。精神病学家大卫·霍金斯指出，人有欲望、恐惧、愤怒、傲慢、勇气、宽容等情绪情感，而外界变化多端的世界，需要个体保持心理和情绪的稳定。只有具备稳定的情绪，个体才能对自己的情绪，尤其是微情绪有所觉察，并能合理调节和掌控。

未来社会的高度发展，技术的进步和社会的动荡将会使个体承受更大的压力甚至重创，只有具备宁静的品格，让自己的情绪不为外界所左右，才能不因众多负面情绪而损耗自己的能量、打击自己的精气神，而是将这些能量用在更有意义的事情上，并能及时利用每一个学习的机会来提升自己。

　　因此，未来社会人才的一个突出的特质就是能保持内心的宁静与情绪的平衡和稳定，从而使自己具备人类生存与发展的必备能力；同时具有锲而不舍、屡败屡战的意志力，从而让自己成为人生赢家。

第三章

工匠精神与辅导员工作的有机契合

第一节　高职院校辅导员工匠精神的内涵与培育意义

辅导员是高等学校教师队伍和管理队伍的重要组成部分，具有教师和干部的双重身份。辅导员是开展大学生思想政治教育的骨干力量，是高校学生日常思想政治教育和管理工作的组织者、实施者和指导者。辅导员应当努力成为学生的人生导师和知心朋友。该阐述涵盖了高职院校辅导员的优秀特质，对辅导员完成本职工作提出了明确的要求。工匠精神背景下，具备优秀特质的辅导员才能在推进职业教育发展、深化产教融合中发挥重要的作用。

一、高职院校辅导员工匠精神的内涵

（一）坚定的政治立场

高职院校辅导员的首要责任是对学生进行思想政治教育，引导学生树立崇高的理想信念和正确的人生追求。"打铁还需自身硬"，过硬的政治素质和坚定的政治立场是辅导员优秀特质的核心要素。新媒体时代，面对各种考验，只有政治立场坚定的辅导员，才能担负起培养合格建设者和接班人的重任，才能引导青年学生增强抵御风险和辨别是非的能力，

保证学生健康成长。当前受到各种非主流思想的冲击，高校学生思想工作面临诸多挑战。一些学生信仰意识淡薄、理想信念不强、价值取向扭曲以及缺乏社会责任感等问题有所凸显。高职院校辅导员坚定的政治立场是占领学生思想政治教育阵地、防止不良思潮侵袭的重要保证，也是不断提升学生思想水平和政治觉悟的关键因素。

（二）高尚的道德情操

"做好老师，要有道德情操"，这是习近平总书记提出的"四有"好教师标准之一。高职院校辅导员应当具备高尚的道德情操，这是辅导员优秀特质之一，也是承担立德树人神圣使命的重要保障。一方面，辅导员是教育者，这就要求辅导员将道德情操教育贯穿于育人的全过程，教育学生做善良的人、正直的人、斗志昂扬的人，拥有纯洁的心灵、文明的言行和良好的习惯；另一方面，辅导员是管理者，这就要求辅导员用自己的道德情操和实际行动引导和感染学生，时时作出表率，事事成为榜样，帮助学生直观感受到道德情操的重要性，深刻体会如何改善自己的品行和习惯。

（三）良好的职业素养

高职教育的本质是就业教育，专任教师可以传授学生理论知识和专业技能，辅导员则需要根据学生实际情况帮助他们制订切实可行的职业生涯规划，更为重要的是引导学生不断提升职业素养。职业素养是一个比较抽象的概念，仅靠说教无法达到教育目的，最为有效的方式就是辅导员通过自己的本职工作进行示范，让学生进一步清晰职业素养的标准。这就要求辅导员具有良好的职业素养，在工作中积极进取、吃苦耐劳、乐于奉献、踏实专注，努力让自己成为学生成长的镜子、不断进步的标尺。

辅导员作为全天候在岗待命的思想政治教育工作者，在服务学生、帮助学生成长成才的道路上，必须时刻保持高度专注的态度和热情，将自己的精神和感情投入学生工作中。

（四）较强的科研能力

高职院校辅导员工作强度大，涉及领域多，既要做好学生思想政治教育，还要抓好日常管理、党团建设、心理健康、就业指导等工作。要做好这些工作，辅导员应该学会合理安排时间，积累工作经验，总结工作感悟，反思工作得失，同时，可以就某一个工作领域开展深入研究，形成研究成果，以此提升自己的科研能力。较强的科研能力可以帮助辅导员增强成就感，提升工作水平，总结工作规律，对于工作中出现的各类问题有的放矢、从容不迫，甚至可以预判或者预防一系列问题的发生。高职院校辅导员不断提升科研能力是职业化、专业化、专家化发展的需要，也是不断提高思想政治教育水平的重要手段。

（五）卓越的创新意识

近几年，高职院校生源危机比较明显，生源类型也出现了多样化，提前招生、高考统招、高考注册、中职对口单招、中职注册、中高职衔接等招生形式使高职院校的生源质量良莠不齐，由此导致高职院校学生思想政治教育工作面临新问题和新挑战。辅导员需要在充分研究不同层次学生特点的基础上，以卓越的创新意识改善工作方法、拓展工作思路，采用学生喜欢的交流方式和沟通平台对学生进行教育引导，理顺师生关系，走入学生内心。服务对象不断变化，教育理念也应当与时俱进，辅导员的创新意识是做好高职院校学生思想政治教育工作的催化剂。

二、高职院校辅导员工匠精神培育的意义

工匠精神是一种职业素养，也是一种职业追求，其核心是将工作做到极致、将工艺实现最优。工匠们在制造产品过程中秉持的这种精神、特质，是辅导员在立德树人过程中需要学习和借鉴的。工匠精神对培养辅导员优秀特质具有深刻的意义，有助于高职院校扎实开展学生思想政治教育和就业指导工作。

（一）工匠精神有助于增强辅导员育人工作实效性

工匠精神是一种踏实专注、兢兢业业的工作态度。高职院校辅导员既要完成大量的事务性工作，还要做好学生的教育引导，每项工作都与学生的切身利益息息相关，认真细致做好常规工作也是服务学生的重要内容。实现育人目标不是一朝一夕可以完成的，需要辅导员花大量时间和精力与学生交流谈心，了解学生的性格特点、内心世界和未来期许，学会尊重学生个性、发现学生优点，不厌其烦地帮助和关心缺乏自信心的学生，提醒和督促缺乏自律性的学生。辅导员在工作中秉承工匠精神、增强服务意识有助于构建和谐的师生关系、提升学生认同感、增强育人工作实效性。

（二）工匠精神有助于促进辅导员专业化发展

工匠精神体现为执着坚守、勤奋刻苦，也强调追求卓越、不断突破。高职院校辅导员作为教师队伍中的特殊群体，对职业教育的发展发挥着不可替代的作用。辅导员工作千头万绪，只要与学生有关的事情都需要辅导员参与其中，工作强度高，管理压力大，而且工作具有重复性，工作成效得不到及时显现，因此，部分辅导员会产生职业倦怠感，有的辅导员把该岗位当作职业生涯的过渡或者跳板，工作中不注意总结和思考，甚至敷衍了事。工匠精神对于高职院校辅导员专业化发展具有较强的感召力和借鉴性，可以帮助辅导员端正职业价值观，耐得住寂寞，经得起考验，牢记职业热情，牢记从事职业的初心，在出色完成本职工作的同时强化积累、寻求突破。

（三）工匠精神有助于增强辅导员工作成就感

工匠精神包含爱岗敬业、无私奉献的职业素养。高职院校辅导员是高职学生素质成人、专业成才的领航者和风向标，其一言一行都深深影响着首次离开父母、将要独立完成学业和生活，但内心仍具有一定依赖心理的高职大学生。辅导员身处学生工作第一线，时刻关心学生的成长和发展，耐心帮助学生解决各种困难和问题，指导学生进行职业生涯规划，言行举止可以对学生产生潜移默化的影响。大部分学生能够感受到辅导员的良苦用心和满腔热忱，毕业后也会对辅导员怀有一份尊敬和感激。具备工匠精神的辅导员不但可以获得一批又一批学生的认可，也能不断增强工作成就感。

（四）工匠精神有助于优化辅导员队伍建设

工匠精神也渗透着同心合力、携手前行的品质。辅导员队伍不稳定的重要原因是部分

辅导员对岗位认知不清，对职业发展比较迷茫，心理落差大。具有工匠精神的辅导员肯定会在工作中有突出表现，势必在职称晋升、岗位竞聘、个人待遇等方面有更多的机会，这样便会产生积极影响和带动作用，使得越来越多的辅导员不但在工作中尽职尽责，而且相互之间还会团结协作、密切配合，从而形成良好的工作氛围，这样的环境也能够帮助高职院校学生不断增强成才自信心和就业竞争力。由此可见，工匠精神在优化辅导员队伍建设方面同样具有重要作用。

（五）工匠精神是中华民族伟大复兴的必然选择

在中华民族伟大复兴背景下，各行业对高素质人才的需求量较大，高职教育应进一步改革，培养服务于一线生产的具有"工匠精神"的人才。高职院校学生在校期间要认真学习，积极参与实践操作，发现问题及时寻求教师的帮助和指导。只有具备了"工匠精神"的高职院校辅导员才能发挥正向引导作用，帮助学生树立正确的价值观，坚定政治素养。

第二节　工匠精神与辅导员核心价值取向

一、工匠精神与辅导员核心价值取向的比较

辅导员核心价值观是社会主义核心价值观在高校辅导员这一职业群体中的具体体现，体现高校辅导员的精神面貌和职业态度。目前，高校辅导员职业的核心价值观还没有统一的表述，得到社会普遍认同的是上海市教卫党委发布的"矢志忠诚，立德树人；敬业爱生，明理笃行"16字核心价值取向。这16字价值取向和千百年传承下来的工匠精神既存在重叠之处，也存在微妙的差异。

（一）辅导员核心价值取向和工匠精神存在很多"重叠共识"

比较显著的共识是二者都倡导忠于职业、德艺双兼、热情奉献、知行合一。这些优秀的职业品质成为一名优秀职业人的标签，也可以移植到其他的各行各业中。

（二）辅导员的某些核心价值取向与工匠精神之间存在相通之处

辅导员某些核心价值取向与工匠精神虽呈现的方式不同，但其精神实质相通。首先，二者都包含了一种纯粹的职业精神。优秀的辅导员会将"立德树人"作为自己毕生所追求的目标，将辅导员职业化、专业化、专家化作为自己的职业追求，将学生的成长成才作为自己最大的欣慰，他们会秉持"一生只做一件事"的理念，永远记得自己的出发点，执着而纯粹。比如，副厅级辅导员曲建武，追求的是"极简的纯粹"，将简单的学生工作做得臻于化境。优秀的工匠拥有一颗简单纯净之心，他们的职业已经和自己的人生联系在一起。干一行、爱一行、心无旁贷，方能修得善果。对于辅导员来说，工匠精神就是拥有一颗纯粹的教育之心，始末如一，初心不改。其次，二者都包含了执着的奋斗精神。无论是

工匠制作产品，还是辅导员进行学生教育管理，都不是一朝一夕，一帆风顺的事情。都包含了无数琐碎枯燥、简单重复的小细节和未知的难题。思想政治教育工作是慢的艺术，需要的是一颗活泼、宁静和专注的心，只有把心归于宁静并坚守这份宁静的辅导员，才能积累出超凡的价值。不管社会多么纷乱嘈杂，不管外界多少诱惑，辅导员的心必须是宁静的，辅导员的事必须是专注的，在宁静中找到力量，在专注中顽强斗志。多年后的各类反馈中，自有公正的答案。再次，二者都包含创造的劳动精神。劳动是人获得自身尊严和价值的方式。工匠们的劳动看似烦琐重复，而工匠们正是通过无数次相同的劳动掌握熟练的技能，把简单的事情做到极致，创造出带有自己气质、独属于自己的产品。辅导员面向学生，看似每天忙的是重复的事务性工作。其实，重复中充满了各种可能和变数。优秀辅导员喜欢总结思考，设计既符合教育规律又使学生喜爱的素质教育活动，形成具有个人气质的学生工作风格。每年国家评选的辅导员年度人物、辅导员精品项目等都是辅导员创造性劳动的成果。最后，二者都包含了一种极致的艺术精神。庄子中庖丁解牛的寓言记载了解牛人庖丁的高超技艺。牛无疑是复杂的，但庖丁却能一刀下去，刀刀到位，轻松简单，原因在于他已经掌握了牛的肌理。庖丁解牛的过程就是一个艺术创作和享受的过程。很多技艺高超的匠人都能够在千百次的锤炼后达到这种技进于道的艺术境界。辅导员做的是面向人的工作，学生无疑是千变万化、千差万别的，但辅导员用全部的心血和情感守护学生的青春，陪伴学生成长成才，便可达到高超的艺术境界。

（三）辅导员核心价值取向和工匠精神之间存在差异

1. 工匠精神中没有"矢志"一词

一般来说，古代工匠也是有志向的，他们的志向就是将自己的手艺精益求精、以技胜人。他们对家庭和工艺以外的关怀是微弱的、飘忽不定的，也不会将自己的人生和社会改造相联系，这也是大多数工匠能将自己的技艺做到极致的原因。而辅导员需要树立远大的职业志向，这就是在马克思主义的指导下，将个人的劳动和培养人才、奉献社会、实现中国梦相联系。优秀的辅导员固然挂怀家人的生活和个人的成长，但其终极人生目标却指向整个社会，指向中华民族的伟大复兴和共产主义理想的实现。只有树立远大的理想，辅导员才会对自身理想和立场的崇高性、正确性极端自信，对自己的工作方式方法有独特的理解。

2. 工匠精神中也没有"明理"的表述

教育部 24 号令反复强调辅导员工作需遵循大学生思想政治教育规律，并明确要求"主动学习和掌握大学生思想政治教育方面的理论与方法，不断提高工作技能和水平；定期开展相关工作调查和研究，分析工作对象和工作条件的变化，及时调整工作思路和方法"。这说明"明理"是辅导员有效工作的保障，也是辅导员需要反复学习和修炼的素养。大学生思想政治教育工作是极具针对性的工作，只有对教育对象有深刻的调查和了解，才能够有针对性的制定工作方案，实施工作步骤，提高思想政治教育工作的实效性。古代工匠的劳动中当然也有"理"，这种理甚至是和工匠们的生命体验和感悟联系在一起的，极具艺术性。但这种"理"只局限在小范围人群和小的领域中，不具有普适性和推广性，和大规模的理论研讨与调查研究不可同日而语。因此，"明理"也就不构成工匠精神的核心。

3. 辅导员核心价值取向中包含了针对这一职业岗位个性化的表述

辅导员核心价值取向中包含了针对这一职业岗位个性化的表述，比如"立德树人""爱生"等。百年大计，教育为本，教育大计，德育为先。"立德树人"是辅导员的工作宗旨，"爱生"是辅导员的素养基础。在工匠精神中，也反复强调道德修养，强调追求完美的作品，强调对原材料和产品投注情感和精气。这在不同的行业中有具体的内涵表述。

二、工匠精神对辅导员核心价值取向的启示

工匠精神一词最能使人联想到的是传统制造业和手工艺业独特的气质和特性，但其内涵和意义却不仅仅局限在这些领域，而是广泛渗透在各行各业，润物细无声地影响着人们的为人处事和工作态度，也对高校辅导员核心价值取向具有借鉴和启示作用。

就学校层面而言，相关部门应加强核心价值取向的制度建设。核心价值取向是人类职业生涯的重要准则，也是构建和调节人与职业、人与人之间关系的指导原则。辅导员核心价值取向是上海市教卫党委通过网络投票、专家学者评议和专题讨论从 600 份誓词中反复斟酌而推选出的，基本上得到了大多数辅导员的普遍认可。可是，由于制度设计的标准、时机和执行的缺陷，人们观念和利益关系调整的失衡等原因，普遍价值取向与辅导员现实处境难免会发生矛盾和冲突，导致辅导员行业所倡导的职业核心价值取向难以实现。因此，为了使辅导员核心价值取向得到更好的坚守和维护，高校需要把核心价值取向落实到制度层面，让制度成为体现和维护核心价值取向的中坚力量。首先，将辅导员队伍建设相关政策和制度纳入高校人事制度改革的整体框架中设计和完善，确保辅导员队伍建设制度在高校人事制度体系中的应有位置；其次，调整和完善现行政策实施中出现的问题。比如辅导员队伍的"双线晋升"政策，既存在专业技术职务评聘政策如何更好地符合辅导员队伍的实际状况的问题，同时又存在行政职级晋升在现行制度下难以为继的问题，需要根据实际情况作进一步的调整和完善；最后，通过大量研究和论证进一步探索辅导员队伍职业化发展的阶梯和通道。

就个人层面而言，辅导员要以目的性价值取向为主、工具性价值取向为辅。工具性价值取向指的是那些有助于实现核心价值和其他终极目标的价值；这类价值在道德的意义上是中立的，既可以用来实现合理的终极目标也可以用来实现不合理的终极目标。目的性价值取向是那些因其自身的缘故就值得追求和坚守的核心价值。就工匠精神而言，精益求精、执着敬业是目的性核心价值，高超卓越、知行合一是工具性价值，但就整体精神气质而言，支撑工匠精神的是目的性价值。

就辅导员核心价值取向而言，"矢志忠诚，立德树人、敬业爱生"是目的性价值，"明理笃行"是工具性价值。在职业生涯中，人们的物质和精神生活保障固然重要，但过于关注工具性价值，就会使自我思维局限在固定的名和利上，导致人的异化。只有在职业中尊

重劳动、劳动过程和劳动产品本身,才能实现人生价值,得到精神上的自由。

　　总之,核心价值取向既是一套相对稳定、连续的价值结构,也是一个动态的、开放的价值体系,应根据人们价值取向的变化和时代的需要进行不断调整和完善。同时,核心价值取向的内涵远远不止字面表述的意思,不同职业人有不同的理解。应从以下几个方面不断深化和挖掘,丰富核心价值取向的深度内涵。一方面,辅导员要维护和坚守核心价值取向的稳定性和连续性,不因任何外界的诱惑或者个别权势人物的喜好而随意变动;另一方面,辅导员也要在自身工作实际的基础上,不断深化和挖掘辅导员核心价值取向的内涵。比如,有些辅导员还总结出"以人为本""开拓创新""严谨治学"等二级纲目,都是使辅导员核心价值取向更加全面和完善的有益尝试。

第四章

工匠精神的国际传承与借鉴

工匠精神是制造业发展的内生动力，中国要完成从"制造大国"向"制造强国"的转变，离不开工匠精神。纵观德国、瑞士、美国等当今全球制造业强国，他们闻名世界的制造业品牌和口碑都得益于他们重视工匠精神的培育与发扬，提升中国产品的制造质量、革新制造技术，进而形成中国制造业品牌，是中国由"制造大国"向"制造强国"迈进的必由之路。借鉴世界上制造业强国培育与弘扬工匠精神的经验，促进中国工匠精神培育机制的形成，将有助于推进我国制造业向中高端迈进。

第一节　德国工匠精神的传承与借鉴

第二次世界大战之后，欧洲四大老牌工业经济强国形成了欧洲四大经济体，主导着欧洲乃至世界的经济走向。德国作为欧洲四大经济体之一，是一个经济高度发达、国民生活水平极高的国度，其重要象征是以汽车和精密机床为代表的高端制造业。德国的工匠精神是如何形成并传承的呢？

一、德国工匠精神的历史溯源

德国的工匠精神并不是自古就有，而是从工业化时代初期开始的。哲学思维的启蒙、宗教思想的熏陶、地理环境的影响，成为德国工匠精神得以形成和传承的主要因素。

（一）哲学思维的启蒙

德国哲学是西方历史上一道别样的风景，德意志民族也被称为"哲学的民族"。德国哲学史上极具影响力的代表人物有康德、黑格尔、费希特、谢林等，他们充分吸收以前的哲学家们的思想成果，在前人的基础上提出新的哲学问题并开展思辨，将哲学思维提升到了一个新的高度。

德国哲学思维方式的思辨性、理性特点影响了其工匠精神的形成和发展。托马修斯所倡导的理性知识的运用、莱布尼茨所创建的德国近代第一个单子论的形而上学体系、康德的批判哲学、黑格尔的唯心辩证法、费尔巴哈的唯物主义论，这些德国哲学史上的成就，无一不体现出德国人严谨、理性、思辨的哲学思维。从德国近代哲学的发展历史不难看出，德国哲学理性、思辨的思维方式对本国文化产生了深远的影响。德国哲学史上的每一次哲学变革都塑造了德意志民族的民族品格，增强了德意志人的逻辑意识和思辨能力。将德国哲学融入教育，是德国哲学思维启蒙的重要途径。德国哲学家们关注教育事业的发展，很多大家著书立说，影响世人，同时还将哲学思想贯穿于教育实践当中。康德的教育思想就被贯穿于德国初等教育、中等教育和高等教育的全过程，对德国乃至世界的教育思想产生了重要影响。此外，德国哲学的理性精神给 19 世纪德国的大学教育改革提供了原则遵循。随着德国哲学思想在教育中的渗透，德国人的思维方式也受到了潜移默化的影响，逐步形成了严谨、理性的民族性格。德国工匠精神所体现出的严谨精确、理性务实、追求完美、精益求精的职业特点与其哲学思维有着密不可分的关系。

（二）宗教思想的熏陶

德国的年轻人愿意做工人，除了德国工人的社会地位高，宗教思想的影响也是一个很大的因素。宗教向度是研究工匠精神的重要维度。在德国，工匠精神的形成与其相应的宗教背景密不可分。在 16 世纪的宗教改革中，马丁·路德提出了宗教伦理的"天职观"，他认为每一种职业都是上帝既定的，具有同等价值，人无论从事何种职业都能够得到救赎，不需要注重职业形式。这种观点从宗教意义上将劳动的价值和职业的地位进行了重新审视，它把劳动作为上帝设立好的"天职"来对待，一个人的天职就是要好好履行上帝赋予的任务，无论从事哪种正当的职业，在上帝看来都是平等的。"天职观"从根本上改变了德国人对劳动的传统认知，内化了德国人关于劳动的道德理念，并逐渐演变为职业伦理。随着时间的推移，德国人的脑子里形成了一种观念，他们一旦选择了一种职业，就会认真地做好工作，因为他们认为这种职业是上帝安排的天职，是上帝安排他在尘世中生活的一种方式。天职观所演变出来的职业伦理，把宗教的虔敬精神注入了尘世的劳动之中，从客观上促进了德国工匠精神的形成。德国人所表现出来的严谨、勤奋、有序的工作态度，逐渐沉淀为德意志民族的工作习惯和特有的文化心理。随着"天职"意识慢慢渗透到德意志民族的血液之中，德国手工业阶级应运而生。德国手工业阶级诞生初期，其社会地位远远比不上贵族和商人，但是，在天职观的影响下，手工业者坚定"所有正当职业都具有同等价值"的信念，把职业劳动看作对上帝的侍奉，这种宗教信仰所蕴含的强大精神力量，不仅提高了手工业者的社会地位，而且催生了德国工匠精神的萌芽。随着手工业者劳动水平的不断提高和劳动范围的扩大，手工业行业联盟得以形成。联盟将手工业者划分为学徒、工匠和师傅三个不同的等级，手工业者从学徒做起，到工匠等级便可以"自立门户"，从事自主经营活动。可以说，彼时的德国工匠代表着传统手工业阶级的中坚力量，提高了手工业者在社会上的地位，是德国工匠精神得以形成的阶级基础。

（三）地理环境的影响

人类与环境是相互依存、相互作用、相互制约的，不同的地理环境所孕育的民族文化和民族性格各具特色。德意志民族所表现出的严谨、勤奋、理性等特征与其独特的地理环境是分不开的。

德国位于欧洲中部，素有"欧洲走廊"之称，东部与波兰、捷克相邻，南部与奥地利、瑞士接壤，西临荷兰、比利时、卢森堡和法国，北临丹麦，是欧洲邻国最多的国家（不包括俄罗斯），地缘政治特别复杂。从世界范围来看，欧洲国家在世界经济发展中具有重要作用，而德国处于欧洲地缘环境的心脏地带；从周边国家环境来看，德国位于欧洲中部，是欧洲内部连通的重要枢纽；从区域环境来看，德国的地形复杂，整个德国的地形可以分为5个具有不同特征的区域，不利的地理环境促使德国人为了生存而更加勤奋。复杂的地缘政治促使德国人以严谨、理性的思维审时度势、权衡利弊、化解危机。可见，德国人严谨、勤奋、理性的民族特质与其复杂的地理环境和地缘政治有着密不可分的关系，在长期的历史进程中，德国人的工匠精神得以孕育并发扬。

二、德国工匠精神的形成机制

德国工匠精神的形成受内因和外因两方面的作用。它形成的前提是其一定时期所积累下来的技艺经验转化为了过硬的技术，而其良好的经济环境也在客观上加速了工匠精神的形成，这些都是客观上存在的外因；内因则是其具有不断追求内在发展、不断追求完美的质量文化意识。在内因和外因长时间的共同作用下，德国的工匠精神得以形成。

（一）技艺传承是德国工匠精神形成的技术前提

匠，其本义是指手艺人，所以工匠精神的形成必然离不开技艺的支撑。12世纪，德国农村手工业发展迅速，在14世纪和15世纪，德国的城市手工业逐渐取代农村手工业，且发展势头良好。为了促进行业发展、维护共同利益，手工业者们相继建立行会，行会是为了保护本行业利益而互相帮助、限制内外竞争、规定业务范围、保证经营稳定、解决业主困难的组织。中世纪的欧洲行会是自治的，官员由行会内部自主选拔，这对欧洲的政治思想演进具有促进意义。行会的社会地位影响着手工业者们的社会地位，手工业者们受到社会的高度尊重，尤其在技艺上有所创新的更是如此，这也是传统技艺得以传承的客观因素。

行会作为一个相对独立的社会单位，它制定了自己的规章制度，其中相当一部分是行会道德准则，第一条便是"保证产品质量，反对弄虚作假"，经过时间的推移，这一点演化成了手工业者的道德义务、社会责任和职业荣誉。行会不仅要求每一位入会者热爱自己的行业，还对工人们的技艺水平提出了非常严格的要求，为了熟练掌握技艺诀窍，徒弟一般必须经过七年学徒期，并且在以一件成活证明自己的知识和能力之后，才能出徒。作为师傅，不但要向徒弟传授技艺，还要将细致、严谨、专注、耐心等品质和敬业、诚信、务实、友善等职业伦理传承给徒弟。工匠技艺和经验的不断积累与传承以及技艺水平的提高，为德国工匠精神的形成提供了技术基础。

（二）质量意识是德国工匠精神形成的内部因素

德国人制定了质量强国战略，建立了系统的质量管理体系和质量认证制度，致力于提高产品质量。如今的德国，从城市规划、公共设施到企业文化、产品质量，都可以看出德国人"以人为本"的理念和质量文化意识。

例如，欧盟成员国联合制造了一种新客机，送往各成员国进行试飞。试飞是飞机制造的重要阶段，一些成员国的厂商在机舱的醒目位置贴上"小心保养""精心爱护"等字样，提醒乘客处处小心，以免发生安全事故。而新客机在德国试飞却是另一番景象，德国的厂商不贴任何提醒标志，而是跟乘客反复强调要"破坏性"地使用机舱中的各种设施，如可以在座位上使劲摇晃，可以用力拉扯厕所门，开关、按钮可以反复按，总之，想怎么折腾就怎么折腾。这种近乎野蛮的"试用"，可使机舱里那些容易损坏的部位充分暴露，厂商便可以有针对性地进行改进，从而确保新客机的质量和安全。

德国人对自己的产品非常细致，并且强调安全。以鸡蛋为例，德国市场上销售的鸡蛋通常是用硬纸盒包装的，基本看不到散装的鸡蛋，而且硬纸盒里的每一个鸡蛋都拥有一个红色的编码以表明其"身份"，如1－NL－3425311，前面的只能是0、1、2、3这四个数之一，用以表示生蛋的鸡的饲养方式，0代表绿色鸡蛋，1代表露天养鸡场饲养的鸡生的蛋，2代表圈养的鸡生的蛋，3代表笼子里饲养的鸡或者饲养环境很差的鸡生的蛋；中间的则代表销售的国家，NL代表荷兰，DE代表德国；而后面一串数字则代表产蛋母鸡所在的养鸡场、鸡舍或鸡笼。这一组编码，不但可以让消费者知道自己购买的鸡蛋的营养价值，而且一旦鸡蛋出现质量问题，还能从编码追根溯源，找到其产地。这样，不但确保了鸡蛋的质量，还规范了养鸡行业的管理。

德国的不少家庭都备有一种机器，专门用于把小型木质、竹质的废弃物加以粉碎，将其与肥料拌在一起撒在花园的土里以疏松土壤。如用过的牙签，他们会带回来粉碎。因为他们认为，锋利的牙签随意丢弃在饭桌上有许多坏处，一是可能会刺破垃圾袋，让袋子里的脏东西流出来污染环境；二是万一小动物吃剩饭剩菜时吃到牙签，可能扎破喉咙；三是万一环卫工人处理垃圾时不小心碰到牙签，可能会扎破手指。

德国人就是这样，严谨认真到让人觉得很刻板，他们做事精确到螺母要拧几圈，做菜用调料得分毫不差地称量……然而，正是这种较真的劲儿，造就了其高质量的口碑，其产品大到汽车、小到订书机，质量均为世界领先。正是这种细致、较真及标准化的操作，使工匠精神融入这个民族的血液当中，助推工匠精神迅速发展，成为德国工匠文化的重要组成部分，也成为制造业乃至民众一切工作和生活都要遵循的价值准则。

（三）良好的社会经济环境是德国工匠精神形成的外在驱动

任何理念和文化都离不开特定的社会土壤的培育，良好的社会经济环境促进了德国工匠精神的产生、形成和传承。从社会地位来看，受德国宗教信仰和行会的影响，德国工匠的社会地位较高，可以通过细致、踏实的工作得到职业荣誉。自中世纪以来，德国的手工业发展迅速，其在国内生产总值中的占比持续走高，德国工匠在提高经济实力、促进社会发展方面发挥了重要作用，社会尊重工匠，尤其是实现技术创新的工匠。同样，德国工匠自身也对职业充满了认同感和荣誉感，在其还是学徒时，便被教授要自主自觉地履行职责，要将严谨、专注、细致、认真等品质融入职业精神中。从薪资待遇来看，德国工匠的收入与其社会地位较为对等，并且随着工匠技术的提高，其收入也会逐步提升。一些高级工或熟练工的工资甚至高于部分高收入职业的水准。

从社会环境来看，德国的社会环境适合工匠精神的形成。德国人善于思考、勤于钻研，在全社会营造了乐于学习和动手的良好氛围，在客观上推动了德国工匠精神的形成。同时，良好的经济环境为工匠精神的形成创造了适宜的条件。德国的银行在企业持有大量的股权和控制权，银行工作人员进入企业直接参与经营决策，这种德国特有的银企关系有利于企业的发展和工匠精神的培育。企业性银企关系制度使企业能够摆脱资金困扰，有效缓解企业经营中的市场压力，有利于企业摆脱短期财务目标束缚，转而追求长期利益，使企业更专注于产品加工和制造，从而更好地培育认真、细致、严谨、创新的德国工匠精神。

三、德国制造完美逆袭的启示

说起德国制造，人们就会想到许多高品质的企业品牌，如奔驰、宝马、西门子……也许鲜有人知，德国制造在一百多年前是劣质的代名词，更是一种侮辱性的符号。1887 年，英国议会修改了《商标法》的条款，规定所有从德国出口到英国的产品都必须注明"德国制造"，以此将德国生产的劣质产品与英国本土生产的高质量产品区分开来。这是"德国制造"的起源，但是，严谨的德国人用了一百多年的时间，将"德国制造"这个劣质的代名词变成了高品质的代名词，德国转变为世界制造业强国，实现了完美的逆袭。

德国制造的逆袭并不是偶然的。有一张照片叫作"不变的德国"，照片上是第二次世界大战之后德国人所修复的建筑。在第二次世界大战之后，德国所剩的建筑不多，几乎所有城市都变为废墟。执着的德国人并没有选择就地重建，而是花大力气复原古建筑。他们找出当年的设计图，集合了考古学家、有关学科科学家、建筑师、文化学家、技术工人等，花费了数十年的时间，将建筑修复成原来的样子。由此可知，德国制造得以成功逆袭，得益于他们尊重、热爱、信仰并发扬本国的文化。

德国人的经济学也是"德国制造"完美逆袭的原因之一。德国人不相信物美价廉，他们相信的是质量。有口皆碑的质量、先进专业的技术及优良的售后服务是德国人行商的信条，也是德国人的经济学。德国人造的锅质量好到可以用一百年，有人认为一口锅用的时间太长会影响销量，但德国又认为一口锅用的时间长，是因为质量好，质量好就能得到客户的信赖，自然就能给他带来第二个、第三个客户。德国人对于产品质量与价值的注重让"德国制造"越走越远，很多德国企业生产制造的产品都是高难度、具有世界领先水平的，别国一时半会儿无法制造出来。

如今的德国，已经进入了后工业时代，很多生产车间都是纯机器操作，不需要人工参与。进料、生产、质检、包装、堆货等工序都由机器完成，整个生产过程只需要少量人监控就可以完成。

第二节　瑞士工匠精神的传承与借鉴

瑞士国土面积小，资源匮乏，在艰难的环境中，瑞士人逐渐意识到，能工巧匠凭借精湛技艺创造的产品的高附加值，才是瑞士产品的核心竞争力，才能让瑞士产品在国际市场上站稳脚跟。一代又一代的瑞士工匠潜心研究技艺，用心打磨，终使"瑞士制造"闻名全球，而瑞士也被冠以"钟表王国"之名。要说"瑞士制造"成功的秘诀，那就当属瑞士的工匠精神。

一、瑞士工匠精神的形成原因

（一）有力的法律保障和资金投入

瑞士是联邦制国家，各州政府拥有独立的教育立法权和管理权，但唯独职业教育由联邦政府和各州政府共同管理。瑞士联邦政府设立职业教育与技术办公室，专门主管职业教育，主要负责根据国家对职业教育的需要制定各项职业教育、培训政策及发展计划。各州政府同步设立职业教育与技术办公室，负责对职业教育和培训机构进行监督。从管理机构的设置上可以看出瑞士对职业教育的重视程度。

瑞士人很早就意识到了职业教育的重要性。由于地理环境限制，瑞士国内资源匮乏，许多原材料都依赖进口，导致重工业发展受阻，只能靠加工业立足，这就对工人的职业素质提出了更高的要求。在 20 世纪 30 年代，瑞士联邦政府颁布了第一部联邦职业教育法。2004 年，瑞士新职业教育法颁布，重新对政府和企业职责、专业教学及学徒培训内容、从业人员资格、质量保障机制等作出规定，使瑞士的职业教育拥有了行政管理的法律保障。该法还规定，小学二年级必须开设各类手工课程，以培养学生的劳动兴趣和习惯；从初中二年级开始，学校要对学生进行系统的职业指导。

瑞士不但为职业教育提供了强有力的法律保障，而且提供了强大的资金支持。新职业教育法规定，联邦政府、州政府和行业组织是瑞士职业教育资金的三大主要来源。有关数据显示，2007 年，瑞士中等职业教育经费比普通高中教育经费高出 4 个百分点。由瑞士联邦经济事务部发布的《2008—2011 年教育、科研和创新指南》可知，2011 年，瑞士职业教育获得 12.42 亿瑞士法郎的联邦拨款，如此强大的资金投入为瑞士技能人才培养提供了强有力的资金保障。

（二）"三元制"人才培养模式

自然资源匮乏的瑞士，选择用人才资源来弥补自然资源的不足。据 2018 年的数据统计，瑞士总人口约为 852 万，却是瑞士社会和经济快速发展的关键所在。瑞士重视教育，尤其是职业教育，被认为是瑞士最出彩的地方。在瑞士人眼中，学历远远没有技能重要，所以，在瑞士，职业教育并不是所谓"差生"的无奈之选，而是国家经济建设的重要组成部分。

瑞士每年有三分之二的初中毕业生选择进入职业学校读书，之后开始工作。瑞士非常重视职业人才的培养，职业培训在整个教育培训体系中占据着非常重要的地位。瑞士各级政府对职业培训投入了大量的人力、物力和财力。有关数据显示，瑞士联邦、各州和市镇三级政府的教育经费之和，相当于全国行政费用支出的五分之一。瑞士的企业也深度参与职业培训，很多大企业都设有培训中心，定期培训员工，更新员工的专业知识，提升员工的专业技能。瑞士的职业教育采用企业、职业院校和行业培训中心的"三元制"人才培养模式，学生每周有一至两天的时间在职业院校学习，另有三到四天在企业担任学徒，学生不仅可以在学校学习理论知识，还可以在企业的岗位上学习相应的技能知识，对于企业来说，提前培养学徒的岗位技能，有利于学生毕业后就能快速进入工作状态，这直接为企业提供了大量熟练的技术工人，而熟练的技术工人又为企业生产高品质的产品提供了有力的保障。

（三）尊重工匠的社会氛围

良好的社会氛围是工匠精神和工匠技艺得以传承的必要土壤。瑞士联邦政府高度重视职业教育，并颁布配套法律法规和财政支持政策；瑞士家庭在子女的教育与择业问题上，通常也采取尊重的态度。他们认为，只要孩子爱钻研、积极上进、热爱生活、爱岗敬业，将自己的本职工作做好，就能成为行业精英，社会需要各行各业的精英，行业与行业之间是平等的。瑞士企业乐意为职业学校培养学徒，并且企业以培养学徒为荣。瑞士人从小被灌输一种理念——一个健全的人必须掌握一门技能，并获得一份工作。从国家到家庭、从企业到个人，都尊崇崇尚劳动、注重技能、尊重工匠的理念文化，正是这样和谐的社会氛围，给瑞士工匠精神的培育与传承提供了良好的土壤，从而让瑞士的人才培养和精品制造在世界舞台上开花。

（四）资源整合与提炼的能力

辉煌成就的背后必定少不了一段艰辛的岁月，瑞士制造也不例外。瑞士人凭借锲而不舍的韧劲、敏锐的观察力和丰富的创造力，在面临"石英危机"时，拒绝随波逐流，而是选择沉淀自己、自我反思、整合资源、另辟蹊径，将钻石、陶瓷、橡胶、金属等资源进行整合，制成精美的艺术作品，从而度过危机。虽然花费二十多年的时间进行转型升级，但从未想过放弃，这足以体现一个民族执着坚守、勇敢面对的高贵精神品质。

瑞士的国土面积仅有 4 万多平方千米，人少地小、资源不足的基本国情，使得瑞士只能走精品制造的发展道路。这就要求工人在生产过程中要珍惜资源、物尽其用、创新发展，不断提高资源利用率，同时还要提高产品的性价比，以增加产品的竞争优势。这就对工人的技艺娴熟度和创新能力提出了更高的要求，敏锐的观察力、丰富的创造力、资源的整合力淬炼了工匠的匠人品质和工匠精神。

（五）信誉品质的延续与传承

瑞士国小人少，但经济实力不容小觑，在世界 500 强企业中，瑞士有十余家企业上榜，其中，像嘉能可、雀巢、瑞银等更是拥有影响全球市场的能力。瑞士在工业制造、医药、金融、零售等行业中都有知名企业。

一个领土面积不足 5 万平方千米、人口不足 1 000 万的国家，为什么能拥有十余家世界 500 强企业，而且这些企业大多是拥有百年以上历史的世界知名公司呢？这和瑞士企业高度注重产品质量和价值的企业文化有关，瑞士企业的道德水准和职业水准都很高。瑞士企业始终坚持以品质取胜、不打价格战、不相信物美价廉。当然，瑞士企业也追求利润，但并不是一味地只追求利润，而是以更长远的眼光来分配利润。他们在保留合理的利润的同时，将部分利润投入产品的质量提升和服务完善上，对产品的精益求精、对服务的尽善尽美，正是瑞士产品享誉全球、瑞士工匠精神得以形成的关键所在。

二、瑞士工匠精神的基本特质

（一）"一生专注一行"的执着坚守

瑞士人特别淳朴，这也是其工匠精神得以形成的原因之一。很多瑞士工匠一生只做一行，一生专注于做一件事，有的甚至是整个家族几代人只专注于做一件事。瑞士有很多制表工匠、珠宝工匠等手艺人，他们很少想着把自己的生意如何做大、如何上市融资、如何多开几家店赚更多的钱，而是专注于自己的手艺是否精湛、如何把自己的手艺传承给自己的子孙后代，让他们把手艺一直传下去，让自己的店、自己的品牌可以流芳百世。这是瑞士工匠的普遍想法，守住自己的匠心，不浮躁、不取巧，专注于不断提高自己的技艺。

说到瑞士工匠，就不得不提瑞士钟表，瑞士钟表堪称瑞士制造的代名词。钟表行业属于精密型手工业，精密的操作极其考验操作工人的心境。瑞士有名的钟表品牌大多是上百年的老店，有些甚至已经成为世界钟表领域的一线品牌。百年品牌的延续，不仅是技艺技能的传承，更是匠人们工匠精神的传承。在日内瓦，很多钟表厂的老工匠们一干就是几十年，还有一些家族作坊，是一个家族好几代人传承下来的，他们脑子里想的不是怎么赚钱，而是如何把这份手艺传承下去，不论周遭环境如何变化，他们仍然坚守着最初的一颗匠心。20 世纪 70 年代，日本人推出石英表，因价格低廉、设计精美而迅速抢占钟表市场，给瑞士的钟表行业带来了很大的冲击。瑞士的传统机械表经历了前所未有的"石英危机"，瑞士钟表的出口销量从 8 000 多万元跌至 3 000 多万元，近一半的钟表企业倒闭，十多万名钟表工匠失业。当时，有很多人认为，瑞士钟表，尤其是瑞士机械表的时代要过去了。然而，瑞士的钟表工匠们并没有向市场妥协，而是专注于创新升级，始终坚持制作手工机械表，重新调整定位，退出低端市场，瞄准高端市场。在经历了二十多年的执着坚守后，瑞士钟表不仅度过了低谷，还迎来了空前的繁荣。

（二）"没有最好，只有更好"的精益求精

瑞士的工匠注重开拓创新，开拓创新与执着坚守并不矛盾，这是精益求精的必然结果。每个人都有自己的工作态度，瑞士工匠的工作态度就是以高度的责任心专注认真地做好每一件平凡的小事，正是这种平凡的态度，成就了瑞士制造的不平凡。在瑞士工匠的眼里，没有最好，只有更好，这绝不是一句空洞的口号，而是几代瑞士工匠身体力行的信条。他们为了追求产品的极致化体验，在提升技艺、打磨产品的道路上不断创新、勇敢前行。

1582 年，意大利教皇格里高利十三世推行现代历法改革，将平年、闰年的规律更改为现行的公历，即"四年一闰、百年不闰、四百年再闰"。善于思考、追求极致的瑞士钟表工匠开始给自己"出难题"，他们尝试着开发具备万年历功能的机械表。1615 年，日内瓦的钟表工匠成功地制作出了世界上第一块具有万年历功能的钟表。

由于机械表擒纵系统中的游丝会受到松紧度等因素的影响，摆轮的摆动也会受到地心引力的影响，所以容易出现误差。追求极致的瑞士工匠无法容忍机械表的这一不足，瑞士钟表大师路易·宝玑先生在 1795 年发明了一种精巧绝伦的钟表调整装置——陀飞轮。这是一项伟大的发明，它由 72 个极为精细的零件组成，其中大部分零件都需要手工制作，其质量不超过 0.3 克，轻若鸿毛，对机械表行业的贡献却重如泰山，它能够最大限度地使机械表的摆轮摆脱地心引力的影响，提高走时精准度。如今，陀飞轮表代表着机械表制造工艺中的最高水平，被誉为"表中之王"。

瑞士工匠一直奉行"没有最好，只有更好"的信条，不断地升级创新钟表技术，丰富钟表的功能，陀飞轮、万年历、月相、两地时、升级版的陀飞轮等极其复杂的工艺，充分展现了瑞士工匠对钟表技艺的不断创新和与时俱进。

（三）"不容一丝瑕疵"的一丝不苟

瑞士的工匠在制作产品的过程中，严谨精细、一丝不苟，每一道工序都要符合标准，每一个零部件都要精心打磨，容不得半点马虎和一丝瑕疵。

瑞士钟表的制作需要经过 1 200 道工序，有 254 个零件需要精细打磨，一位瑞士钟表工匠布克曾经说道："制表匠的工作烦琐而枯燥，有时一个零件可能要花上一整天的时间来打磨。"钟表工匠对每一个零件都精心打磨、细心雕琢，对每一道工序都极具耐心、追求完美，仿佛要把每一件作品都制成传世精品。

维氏军刀是除瑞士钟表以外瑞士制造的另一个重要符号。在维氏工匠的世界里，一把瑞士军刀的长度必须是 91 mm，因为这是口袋能容纳的工具的最佳长度。一款 91 mm 长

的经典款瑞士军刀，共 8 层，能收纳 22 种工具，由 64 个部分装配而成，它的制作一共需要经过 450 道生产工序。其中的任何一个环节都是公开的，每一道工序所需要的原材料及其标准都很明确，这是维氏集团一代代的工匠们经过 100 多年的摸索而得出的。单说折叠军刀主刀片的生产步骤就有 7 步，每一步完成后都要通过质量检测才能进入下一步，刀片的最终硬度必须达到 56RC（硬度单位）。此外，刀片中所含的碳、铬、钒、钼等金属元素的含量都有明确的百分比标准。折叠军刀的刀片厚度也不允许出现太大的误差，否则会导致刀片无法装进刀把内。维氏生产的其他工具，如锯子、剪刀、螺丝刀、弹簧、开瓶器等的金属硬度各不相同，如果没有达到标准，则产品的功能就会受到影响。

无论是钟表还是军刀，不仅需要工匠具有平和的心态，还要具备追求极致的精神、精益求精的精神和不容一丝瑕疵的敬业精神，这些正是瑞士品牌百年不衰的原因之一。

三、钟表王国屹立不倒的启示

（一）营造专注专业的社会环境

工匠是一种职业，当人们选择从事某种职业时，其主要考虑的因素应该是这个职业的待遇、发展空间和人生价值的实现。因此，培育大国工匠，除了关注精神层面，职业的收入状况、晋升制度、社会保障等也是重点考虑因素。在瑞士，一名 25 岁左右的非熟练工人的年薪为 31 700～37 000 瑞士法郎（折合人民币为 22.9 万～26.8 万元）；一名拥有 10 年工龄的熟练工人的年薪为 44 900～56 100 瑞士法郎（折合人民币为 32.5 万～40.6 万元）。良好的经济收入是瑞士工匠能如此专注于自己技艺的原因之一。只有关注每一位工人的工作和生活，为他们创造良好的工作环境和生活条件，解除他们的后顾之忧，才能使他们更安心、更专注地对待工作。同时，要让每一种职业都有人生出彩的机会，给予行业内的优秀工匠表彰与宣传，让其感受实现自身价值的成就感，让年轻的工匠有更强的行业认同感和从业荣誉感。要使优秀的工匠在政治上有待遇、在社会上有地位、在经济上有能力、在职业上有保障，为各行各业的劳动者营造专注专业的社会环境。

（二）树立尊重劳动的价值取向

工匠精神的养成必须有与之相适应的价值观念和文化氛围，瑞士也不例外，其工匠精神的养成与其社会的价值观念和文化氛围是分不开的，主要体现在四个崇尚上。一是崇尚劳动，要尊重生产一线的劳动者及其劳动，这一点最基本，也最必要；二是崇尚技能，要让技能人才有较高的社会地位、较好的收入和发展空间；三是崇尚创新，在执着坚守的同时进行创新，只有创新，才能有源源不断的发展动力，创新是工匠精神的关键；四是崇尚"十年磨一剑"的理念，互联网的发展让越来越多的人变得浮躁，然而，高水准的产品和高质量的服务是需要时间来沉淀的，要引导人们摆脱"短平快"的思想，戒骄戒躁，树立专注专业、专注技艺、踏实兴业的理念。

（三）完善现代职业教育体系

职业教育与培养工匠有着密不可分的关系。我国拥有世界上规模最大的职业教育体系，但由于某些原因，我国的职业教育并没有得到很好的发展。职业院校更多的是学生中考、高考失利后的无奈之选，并非自主选择，更谈不上个人爱好，因此，学生对于职业教育普遍缺乏自我认同感。反观瑞士，其教育的特点是：初中教育普及；高中比重小，职业学校比重大；大学教学质量高。瑞士的初中生在完成义务教育后，有30%的学生选择到普通高中就读，并准备上大学，有5%的学生进入实科高中，可以做升学和就业两手准备；有65%的学生选择进入职业学校学习，而这些人中又有90%以上的学生将在毕业后直接就业。瑞士还设立了"十年级"，以便那些完成义务教育后仍不能决定自己去向的学生到就近的普通中学或职业学校试读，待其适应后再作出选择。由此可见，瑞士能够从体制和机制上对职业教育进行改革，建立多元机制提升职业教育办学质量，完善现代职业教育体系，多渠道提升职业教育整体水平。

（四）落实严格的企业失德惩罚机制

瑞士人遵守企业道德，他们十分重视产品的质量。在瑞士，往往有许多专注于某个领域或某个产品的"小公司"，或者花费大量时间专注于出精品的"慢公司"，但极少出现"差公司"，更不用说"假公司"。这一良好现象的形成，有政府的法律威慑、行业组织的老规矩限制、企业的文化引导、民族的精神影响及个人的道德约束等多方面的原因，因此，工匠精神的形成也离不开这些方面的影响。客观事实决定主观意识，在这些影响因素中，最客观的是政府的法律威慑，政府通过有效的法律法规对失德、失信企业等采取零容忍的态度，使生产制造高质量产品成为企业的普遍选择。同时，政府加强对国家强制性标准执行情况的监督检查，加大对制作、销售假冒伪劣产品的打击力度，加强行业协会、商会制度建设，引导企业专注产品质量并注重工匠精神的培育。

第三节 美国工匠精神的传承与借鉴

在美国人看来，工匠与财富的创造是紧密相关的，工匠精神是美国快速发展的重要动力。"工匠"这一群体在美国是极具影响力的群体，美国的开国元勋很多都以"工匠"的身份为人们所铭记。美国工匠不仅推动了美国经济的发展，也丰富和发展了美国的文化。

一、美国工匠精神的发展史

美国于1776年建国，历经两百多年的发展，在经济、文化、工业等领域都处于全世界的领先地位，成为世界超级大国。究其根源，可以发现本杰明·富兰克林、乔治·华盛顿、托马斯·杰斐逊等开国元勋都曾以"工匠"的身份改变着美国，甚至改变着整个世界。

本杰明·富兰克林是美国开国三杰之一，是美国著名的政治家、发明家、物理学家，同时也被称为美国的第一位工匠。他发明了避雷针、摇椅、玻璃琴、老人双焦距眼镜，提出了电荷守恒定律，改进了路灯，改良了壁炉……他在电学、热学、光学、数学等领域都有着重大贡献。乔治·华盛顿是美国的第一位总统，也是一位对生活充满激情、极富创造力的人，他把自己当作一名农夫。美国教育家这样评价他："他永远在留意更好的方法，为了发现最好的肥料、最好的避免作物病虫害的方式、最好的培育方法，他愿意倾其所有，他曾说过，他不愿意沿着父辈们走出的道路前行。"他被称为"美国最先开展农场实验的农业工作者之一"。在那个生产和生活极不便利的时代，以他们为代表的美国工匠热爱探索，通过博学和好奇心去观察生活中许多事物的精妙之处。他们开放的思维、敏锐的眼光、强大的实践能力和改变生活、改变世界的勇气是值得后人学习的。

从他们身上可以看到，在美国建立初期，工匠精神更多的是一种思维方式的体现，是对生活的热爱和对高品质生活的追求，工匠们通过不断尝试来改善生活环境、改变生活方式。

随后，美国的机械化工厂、高速公路和通信网络大规模铺开，生产力得到飞速发展。这样的大环境孕育了一位伟大的发明家——托马斯·阿尔瓦·爱迪生，他怀着一颗好奇的心和拥有超越常人的无穷精力，持之以恒、专心致志地发明创造，在留声机、电灯、电话、电报、电影等方面贡献了无数发明，轰动全世界，其在矿业、建筑业、工业等领域的发明和真知灼见也为美国乃至全世界作出了巨大的贡献。

其实电灯并不是由爱迪生一个人发明的，而是由一群人的多个发明组合而成的，这群人就是美国历史上第一个真正意义上的合作团队，它让美国告别了工匠"单打独斗"的时代，同时完善了工匠模式，开启了一个全新的工匠精神培育和发展的时代。

二、美国工匠精神的内涵

美国当代最著名的发明家迪恩·卡门曾这样描述工匠："工匠的本质，是收集改装可利用的技术来解决问题或创造解决问题的方法，从而创造财富，并不仅仅是这个国家的一部分，更是让这个国家生生不息的源泉。简单来说，任何人只要有好点子且有时间去努力实现，就可以被称为工匠。"由此看出，美国工匠精神的内涵是开拓创新、实用主义和职业品质。

（一）开拓创新

开拓创新是美国工匠精神的根基。美国人崇尚自由，思想不固化且执着于探索新生事物，乐于用狂热的想法去尝试各种可能性。

有关数据显示，美国、德国、日本在制造业创新方面全球领先，这三个国家在制造业发展的人才培养、创新政策、基础设施建设及法律监管等驱动因素方面具有明显的竞争优势。迪恩·卡门曾经这样自豪地表述美国的创新能力："我们是制造汽车的第一人；当汽车成功地成为商品时，我们又开始制造飞机；当飞机成功地成为商品时，我们又开始制造计算机；当计算机成功地成为商品时，我们又开始制造软件；然后，我们开创了蛋白组学和基因组学。"

（二）实用主义

美国人本能地热衷于实物的创造，并愿意为之付出漫长的时间去努力实践。实用主义是美国工匠精神的重要内涵，它是由美国的基本国情和本土文化衍生出来的一种本土精神，在其历史发展过程中深深地融入美国人民的血液，成为美国工匠的思维惯性。从初期为改善生产和生活所做的创新实践，到当代为应对金融危机、重新恢复生产活力而制定的"先进制造业国家战略"，无不体现了美国工匠精神的实用主义。

（三）职业品质

如果说美国工匠精神中的开拓创新是从无到有的，那么其职业品质则是从有到优、从优到精的。美国工匠不仅具备丰富的创造力和极强的实践能力，还具备精益求精、耐心坚守等优秀的职业品质，正是以这些优秀的职业品质为基础，美国的创新发展之路才有质量保障，美国才能顺利成为世界上首屈一指的工业强国。

三、美国工匠精神的传承保障

（一）丰富多元的职业教育教学模式

美国是世界上较早开展职业人才培养的国家，曾设立"文实"学校，专门进行实用知识和技能的传授。美国政府于 1984 年颁布职业教育的纲领性文件《帕金斯职业教育法案》，并先后三次修订此法案，由此体现了美国政府对职业教育培养工匠人才的重视。经过不断的摸索与实践，美国的职业教育教学模式百花齐放。20 世纪早期，美国辛辛那提大学首次推出"校企合作"的职业教育教学模式，即由学校和企业共同培养学生，学生在学校学习理论知识与在企业学习技能知识的时间各占一半，实行交替式教学模式。随后出现的并行式、双重制等教学模式都是由这种"校企合作"的教学模式衍生而来的。20 世纪 70 年代中期，美国出现了一种比较成功的教育合作模式——企业与学校合作的契约模式。这种模式开创性地在学校和企业之间建立了一种互利共赢的契约关系，这种教学教研开发与职业技能培训结合的教学模式，让学生提前了解就业前景及岗位需求，有利于学生综合能力的培养。能力本位教学模式也是美国一种典型的职业教育教学模式，它根据学生的情况实行个性化教学，课程的开设遵循从易到难的规律，易于学生接受。这种教学模式强调学生的主观能动性，由学生自主制订学习计划，随时进行职业能力考核，各科成绩合格即可毕业，这种教学模式使学生的学习量得以保障，进而保障了能力的培养。丰富多元的职业教育教学模式，为美国工匠精神的培育提供了充足的养分，使其得以不断发展。

（二）有利于工匠精神传承的社会经济环境

工匠精神的产生与传承离不开良好的社会经济环境，与德国、瑞士等其他制造业强国一样，美国工匠精神的产生与传承也得益于良好的社会经济环境。

于工匠个人而言，工匠拥有良好的收入和较高的社会地位，这不仅能提高工匠的职业认同感和归属感，也能让工匠更专注于技艺提升和生产创造，从而有助于工匠精神的产生和传承；于企业而言，良好的经济环境有利于企业建立完善的企业管理制度，给企业带来良好的融资环境，同时企业能够专注于技术革新、产品升级和品牌塑造，为工匠精神的传承提供有利的外部条件。

（三）促进工匠精神传承的行业标准化管理体系

美国发明家伊莱·惠特尼首创了生产分工专业化、产品零部件标准化的生产方式，为提高美国制造业的生产效率和生产质量提供了坚实的保障。美国工匠精神的传承离不开其制造行业标准化的意识和完善的标准化管理体系。

第五章

工匠精神促进辅导员工作专业化发展

第一节　高职院校辅导员工作的内容

一、高职院校辅导员管理服务工作的内容

作为学生成长成才的人生导师和健康生活的知心朋友，辅导员肩负着培养担当民族复兴大任的时代新人的重任，这对辅导员的工作目标提出了更高的要求。2017年10月施行的《普通高等学校辅导员队伍建设规定》将辅导员的工作职责概括为思想理论教育和价值引领、党团和班级建设、学风建设、学生日常事务管理、心理健康教育与咨询工作、网络思想政治教育、校园危机事件应对、职业规划与就业创业指导、理论和实践研究九个方面的内容，即辅导员集教育、管理、服务三重职责于一身。管理育人、服务育人是思想政治教育的重要机制，管理、服务育人的常态化和制度化为学生健康成长起到了不可替代的作用。管理、服务涉及学生的学业、生活、就业等方方面面，涉及党团组织建设、班集体建设、学生社团等自组织建设等。新时代，辅导员需要夯实管理工作的基础，践行服务工作的关键，着力提升育人实效，努力培养德智体美劳全面发展的社会主义建设者和接班人。

（一）辅导员的管理工作

辅导员的管理工作主要分为学习管理、事务管理和组织管理，体现在学风建设管理、日常事务管理、学生个体行为管理、网络舆情管理和党团与班级建设的组织管理等多个方面。

学风建设管理中，辅导员要着眼学生在大学不同阶段的成长特点和发展需求，着力引导学生实现自己的学业理想，展现自己的学业价值。一方面，辅导员要为学生提供课业学习上的支持和指导，熟悉了解学生所学专业的基本情况，可以借助专业教师、班导师、优秀朋辈的引领，通过课上与课下、线上与线下相结合的方式，帮助学生尽快适应学习环境，端正学习态度，掌握正确的学习方法，养成良好的学习习惯；另一方面，需要对学生学业生涯的规划进行一定的指导，帮助学生树立正确的学业生涯规划理念，并监督学生执行自己的生涯规划，充分认识自我，不断探索自我，提升自我，顺利完成学业。

在日常事务管理中，需要辅导员对学生学习生活中的日常事务进行统筹和管理，包括考勤管理、档案管理、奖勤助补贷、危机事件应对等具体琐碎、内容繁多的事务性工作。由于日常事务工作关系到学生的自身利益，就需要辅导员着眼于充分发挥高校学生管理工作的育人功效。以《大学生手册》为依据，将依法治校的管理要求与立德树人的根本任务紧密结合，促进法律法规约束、管理制度保障和思想政治教育三者协同发力，将管理工作作为"规则教育"与"道德教育"的合力点和交换站，将刚性教育与柔性教育相融合，在日常事务管理工作中不断提升学生思想水平、政治觉悟、道德品质、法律素养和安全意识，积极引领学生创先争优、自律自强、矢志奋斗、全面发展。

在学生个体行为管理中，辅导员要坚持以学生为本的工作理念，在充分体现管理工作在学生不同培养阶段的针对性的基础上进行分类管理。通过日常思想政治教育，积极创造健康和谐、安全稳定的校园生活秩序，进一步引导学生塑造自强自立、自尊自律的优秀品格，树立远大理想与正确的人生观、价值观和世界观。同时，辅导员要为学生搭建管理平台，如学生会、年级会、班委会、学生社团等，为学生营造良好的成长环境，促进学生良好的行为习惯养成，让学生自己学会管理自己，充分发挥自己的才能，培养学生自我管理的能力，帮助学生增长见识和才干，推动学生全面健康发展。

在网络舆情管理方面，辅导员肩负着网络思想政治教育的工作职责，要不断强化网络管理，研究网络传播规律，扩大舆情工作信息采集面，完善舆情搜集、预警和处置机制，有效排除"噪声"干扰，构筑清朗的网络空间。同时，辅导员要加强学生网络素养教育，构建网络思想政治教育重要阵地，运用网络新媒体对学生开展思想引领、学习指导、生活辅导、心理咨询等，培养学生树立积极的网络意识和正确的网络思维，提升网络文明素养，弘扬主旋律，传播正能量。

在党团与班级建设的组织管理中，辅导员要加强对学生组织、学生团体、学生骨干、学生活动的管理，包括学生骨干的遴选、培养、激励工作，入党积极分子培养和发展学生党员工作等。此外，辅导员要加强学生党支部和班团组织建设的教育指导，充分发挥党团和班级建设的"自我教育、自我管理、自我服务"组织优势，发挥学生的主动性，促进学生成长与组织建设相结合，围绕学生成长诉求，组织开展丰富多彩的主题班会、党团日活动等，发挥团结学生、组织学生、教育学生的职能，进而发挥班干部和党员的模范带头作用，让学生自觉参与到集体管理中，自觉参与到学习中。

（二）辅导员的服务工作

辅导员的服务工作主要分为生活指导和发展指导，体现在心理健康教育与咨询工作、资助工作、职业规划与就业创业指导、社会实践和志愿服务平台搭建等多个方面。

在心理健康教育与咨询工作中，一是辅导员要密切关注学生，及时对学生日常学习生活中出现的心理问题进行心理疏导，对学生遇到的难点、困惑提供指导和帮助，进而缓解学生的各种心理压力，提高其面临各种问题困难时的心理承受能力；二是辅导员要定期排查学生的心理问题，做好心理问题预警工作，建立"一生一档一策"；三是通过组织开展心理班会、心理剧等丰富的心理活动，加强心理委员培训，将心理健康教育与日常思想政治教育融合，进行科学有效的心理健康教育，健全学生人格体系，帮助学生健康成长发展。

在资助工作中，辅导员要把"扶困"与"扶智""扶困"与"扶志"相结合，注重把资助工作落实到人才培养的核心任务上，发挥资助的育人功能。一方面要对经济困难学生提供精准帮扶，通过经济资助、勤工助学岗位等方式，帮助学生解决实际困难，让学生生活可以得到基本保障；另一方面，注重学业、心理、道德品质和能力等诸多方面的培养，体现"授人以鱼不如授人以渔"的出发点，引导困难学生自立自强，最终实现精神上的"脱贫"，促进学生全面成长成才。

在职业规划与就业创业指导工作中，辅导员要注重引导学生树立正确的就业观和择业观，将学生的未来发展与国家需求、社会发展紧密结合，帮助学生制定科学合理的人生规划。首先，要针对学生面临的就业问题进行专业指导，帮助学生根据个人的特点和兴趣树立正确的职业生涯规划，培养学生的各项能力，有选择性规划自己的职业；其次，要结合专业学习特点、就业形势和行业前景发展境况，为学生提供更多就业创业的有效信息，帮助学生更好地就业创业。

在社会实践和志愿服务平台搭建工作中，辅导员要引导学生将知识通过实践内化为素质和能力，外化为贡献和成就，在实践中受教育、长才干、作贡献。辅导员可以通过"五位一体"的社会实践活动、全员参与的志愿服务活动、军训和新生教育等形式，对学生发展需求进行指导和帮助。在过程中要注重学生的全面发展和个性发展相结合，全面发展意在促进学生德智体美劳全面发展，个性发展须重视学生个体差异和特点，为学生打造个性化的展示舞台。

二、高职院校辅导员网络思政工作的内容

大学生网络文明素养是指大学生在网络空间生活实践中应遵循的行为规范和行为准则等的总和。高职院校辅导员加强大学生网络文明素养教育，就是要教育引导大学生树立正

确的网络文明观，养成良好的网络道德素养，遵守文明的网络行为规范。当前大学生在网络空间中存在价值观念模糊、发表言论不当、网络行为失范等现象，加强大学生网络文明素养教育，是高职院校辅导员网络思政工作中亟须解决的重要现实问题。

（一）加强大学生网络文明观教育

网络的开放性使其成为大学生自由抒发情感、发泄情绪、表达诉求，以及评论时事等的重要渠道，但他们因受阅历不广、心智尚未成熟、辨别能力较差等方面的制约，在网络表达中易于呈现非理性化倾向，在时事评论中易于人云亦云，表现为网络语言粗暴、网络谩骂、网络暴力，转发甚至制造网络谣言、网络欺诈，观看传播网络淫秽图片、视频，开展低俗网络直播等现象。究其原因，是大学生网络文明意识淡薄、网络道德法制观念模糊甚至缺失、网络行为自制力较差等所致。高职院校辅导员要充分利用线上线下教育途径，加强大学生网络文明观的教育引导。一方面，要注重以科学的世界观、人生观、价值观教育引导学生树立正确的网络观。网络是工具理性和价值理性的统一体。教育引导大学生坚持网络的工具理性，就要通过网络的知识传授、技术规范、能力培训等解决如何使用网络的问题，使网络真正成为大学生网络学习、网络生活、网络交往等的重要工具，教育引导大学生坚持网络的价值理性，就是要通过网络法制教育、网络伦理规范、网络价值引导等解决如何用好网络的问题，使网络彻底成为大学生成长成才和健康生活的价值实现形式。另一方面，要注重构建大学生网络道德和网络法治教育的内容体系。高校辅导员提升学生网络道德意识和网络法治意识，不断提高大学生对网络道德的认知和对相关网络法律法规知识的熟知，既要教育引导大学生在网络空间自觉培育和践行社会主义核心价值观，特别是不断加强对大学生进行网络诚信、网络语言表达规范、网络文明行为规范等方面的教育引导；同时又要加强对大学生进行国家网络安全观和网络法律法规的知识普及，如在大学生中开展《中华人民共和国网络安全法》《中华人民共和国数据安全法》《网络音视频信息服务管理规定》等网络相关法律法规的学习活动，既让他们知晓网络行为的法律底线，又引导他们增强自身网络行为的自律。

（二）加强大学生网络文明活动创建

高校历来是社会主义精神文明建设的重要阵地，在推动网络强国战略实施中，加强网络文明建设成为高校推进社会主义精神文明建设的重要任务。2021年，中共中央办公厅、国务院办公厅印发《关于加强网络文明建设的意见》，对新时代进一步加强网络文明建设进行整体部署，要求"推动形成适应新时代网络文明建设要求的思想观念、文化风尚、道德追求、行为规范、法治环境、创建机制，实现网上网下文明建设有机融合、相互促进"。由于高职院校辅导员与大学生在网络空间中是一种共存关系，因而网络文明建设必然对高职院校辅导员提出新要求。首先，高职院校辅导员要在建设网络阵地中起到政治把关作用。高职院校网络阵地建设事关国家意识形态安全和高职院校办学治校的秩序稳定，其中高职院校辅导员在教育引导大学生参与高职院校各级各类网络阵地活动中，承担着落实意识形态责任制的重要职责，特别是在大学生以班级、专业、课程等为单位组建的网络平台和大学生以个人或群体名义组建的自媒体等建设中，辅导员起到政治审核、程序审批、过程监管、问题处置等重要作用，是牢牢掌握网络意识形态领域主导权和主动权的一线指挥员和战斗员。其次，辅导员要在网络思想文化建设中起到价值引导作用。大学生网络文化生活虽然丰富多彩，但也同样存在乱象丛生的问题。推动党的创新理论进网络、以培育和践行社会主义核心价值观的要求贯穿网络、以坚定大学生的文化自信繁荣网络文化等，是辅导员加强网络思想文化建设的重要任务。最后，辅导员要在推动网络道德建设中起到模范带头作用。近年来，高校成为网络舆情的高发地，特别是涉及师生思想道德的舆情一经网络发酵，往往引起社会的高度关注，并容易被境外反动势力和境内一些别有用心的人所操作，形成危害国家安全的重大事件。辅导员既是高校教师队伍的重要组成部分，必须坚守师德师风的底线；同时又是大学生成长成才的引路人和健康生活的知心朋友，必须坚持育人先育己，在网络思想道德建设中起到先锋模范作用。

（三）促进学生网络文明实践养成

大学生网络文明行为是其网络文明素养的外在表现，而网络文明行为是高职院校学生在反复实践中形成的稳定的文明习惯。促进学生网络文明的实践养成，辅导员要深入大学生的网络学习生活实际，根据他们的网络思想动态和行为特征，组织开展形式多样、富有吸引力的网络文明实践活动。一方面，辅导员要充分发挥大学生自我教育的主体作用，指导和支持他们组织开展各种网络文明实践活动，不断强化其网络文明观念，如开展网络志愿服务活动、网络文明诚信演讲比赛、网络文明倡议签名活动等，倡导大学生争做中国好网民、好公民；另一方面，要加强大学生网络技术素养能力的培养培训，促进他们不断增强利用现代信息技术进行网络学习、网络生活和网络交往等的能力，如教育引导大学生积极创作健康向上、导向正确的网络文化作品，并通过学校和社会的网络平台予以广泛传播，在大学生群体中产生积极影响和示范带动作用，从而不断提高大学生进行网络文化创作的积极性和主动性，形成网络文明实践活动的良好社会氛围。

三、高职院校辅导员文化培育工作的内容

（一）教育引导大学生继承和弘扬中国特色社会主义文化

从总体上讲，新时代高职院校辅导员开展文化培育工作中的"文化"，是指符合新时代人才培养目标要求的中国特色社会主义文化。新时代高职院校辅导员加强文化培育工作的首要任务，就是在大学生中培育中国特色社会主义文化。

1. 推动中华优秀传统文化进校园

在五千年中华历史长河的积淀中，中华优秀传统文化历经商周奠基、百家争鸣、盛世繁荣、理性发展等阶段，形成了底蕴深厚、形态稳定、价值独特的文明成果。新时代高职院校辅导员文化培育工作不能摒弃与中华优秀传统文化之间的亲缘关系，要深入推动中华优秀传统文化进校园，在继承和弘扬中华优秀传统文化实践中，通过时代新人的培养影响中国当代、引领中国未来，进而为实现中华民族伟大复兴的中国梦作出应有贡献。

推动中华优秀传统文化进校园需要做到以下几点：一是要深入挖掘中华优秀传统文化的育人元素，二是要深入开展中华优秀传统文化进校园活动，三是要深入推动中华优秀传统文化的创新转化。

2. 推动红色文化传播和革命精神传承

红色文化对于新时代铸魂育人工程意义深远，高校辅导员有义务、有责任、有使命用红色文化教育引导时代青年赓续红色血脉、传承红色基因，以大无畏的革命奋斗精神涵育个体品格、完善自我发展。

推动红色文化传播和革命精神传承需要做到以下几点：一是深入挖掘红色文化育人资源，二是深入开展"四史"教育活动，三是深入阐释宣传中国共产党人的精神谱系。

3. 继承和弘扬社会主义先进文化

中国特色社会主义先进文化既传承了中华优秀文化的基因，又萃取了红色文化的精华；既承载着中国智慧，又积淀着中华民族最深层次的精神追求。高职院校辅导员继承和弘扬中国特色社会主义先进文化，要将其时代性、科学性、先进性、人民性贯彻到文化培育工作中。

继承和弘扬中国特色社会主义先进文化需要做到以下几点：一是深入挖掘中国特色社会主义先进文化中的育人元素，二是深入开展国情教育，三是深入推动中国特色社会主义先进文化的创新发展。

（二）组织动员大学生参与创建校园文化

高职院校继承和弘扬中国特色社会主义文化的落脚点在于，以中国特色社会主义文化来引领和推动校园文化建设。高职院校辅导员要深入把握中国特色社会主义文化培育的基础性、持久性、深层性等特征，紧密结合学校育人工作需要，紧贴学生校园生活实际，团结带领广大学生不断建设富有吸引力和时代感的校园文化。

1. 培育学生政治参与文化

学生政治参与文化是我国政治文化建设在高职院校校园文化建设中的具体体现，反映大学生对中国特色社会主义政治生活的理论认知、价值取向、情感认同和参与状况。将大学生培养成为社会主义的建设者和接班人，需要高职院校辅导员通过培育学生的政治参与文化，不断促使学生在坚持和发展中国特色社会主义过程中，提高政治理论认知、坚定政治理想信念和保持政治参与热情。

培育学生政治参与文化需要做到以下几点：一是坚持学生政治参与文化培育的正确方向，二是突出学生政治参与文化培育的政治引领，三是探索学生政治参与文化培育的基本路径。

2. 培育学生素质教育文化

坚持德智体美劳"五育并举"是新时代高校提高人才培养质量的重要举措，但客观地说，一定时期内高校"长于智、疏于德、弱于体美、缺于劳"的倾向还难以根本消除。这就需要高职院校辅导员切实加强学生素质教育文化培育，教育引导学生不断增强对德智体美劳全面发展理念的思想认识和行动自觉，从而在思想道德素质、能力培养、个性发展、身体健康和心理健康教育等各个方面提升自己。

培育学生素质教育文化需要做到以下几点：一是立足优良的学风培育，二是组织开展素质教育活动，三是加强学生个性化素质教育。

3. 培育学生实践活动文化

社会实践活动是高职院校有目的、有计划地组织学生走出校门、了解社会、服务社会的教育方式，也是最受学生欢迎的教育活动。高职院校辅导员培育学生的实践活动文化，就是要在学生中形成重视社会实践活动、乐于参加社会实践活动、善于参加社会实践活动的良好文化氛围，同时鼓励他们在积极参加社会实践活动中，充分发扬担当使命、吃苦奉献、团结合作、创新创造等精神，使学生社会实践活动既服务于国家和社会的需要，又承担起自身成长的第一责任。

培育学生实践活动文化需要做到以下几点：一是组织开展实习实践活动，二是组织开展志愿服务活动，三是组织开展创新创业活动。

4. 培育学生民族团结文化

各民族团结友爱，是中华民族的优良传统，是中国特色社会主义民族关系的生动体现，是中华民族繁荣发展的重要保证。高职院校是民族团结教育的重要阵地，在学生中培育民族团结文化，既是落实我国民族政策、维护民族大团结的基本要求，也是营造高职院校各民族学生和谐共处、确保校园安全稳定的重要途径。

培育学生民族团结文化需要做到以下几点：一是加强民族团结教育，二是遵守民族团结政策，三是抵制民族分裂活动。

5. 培育学生国际交流文化

国际交流文化是我国日益走向国际舞台中央的必然产物，其在高职院校的国际化进程中也日益得到体现。高职院校辅导员培育学生国际交流文化，就是要在推动高校国际化进程中，营造中国学生与国际学生和谐相处、共同学习和传承人类优秀文明成果的文化氛围。

培育学生国际交流文化需要做到以下几点：一是牢固树立人类命运共同体意识，二是组织开展国际文化交流活动，三是不断扩大中华文化的国际传播。

（三）积极参与创建高职院校育人文化

高职院校文化培育和文化育人的过程，本身也是育人文化形成和发展的过程。高职院校育人文化体现着高校落实立德树人根本任务，不断形成全员育人、全过程育人、全方位育人的思想自觉和行为规范。高职院校辅导员是高职院校教师队伍的重要组成部分，也是高职院校育人文化建设的主力军。因而，积极参与创建高尚高雅的育人文化，也是新时代高职院校辅导员文化培育工作的重要任务。

1. 参与创建高职院校环境育人文化

从文化层面上讲，由于环境具有重要的育人功能，因而环境育人也必然内化于育人文化建设之中，即其生成环境育人文化。高职院校环境育人文化既包括物质环境育人文化，体现着校园环境的基础设施、硬件保障等建设水平和育人功能的发挥水平；又包括人文环境育人文化，体现着高职院校办学治校过程中所形成的传统、特色和校风状况等方面。高职院校辅导员虽然不是高职院校环境建设的直接决策者，但也是重要的参与者，因而必然需要积极地参与环境育人文化的创建。

参与创建高职院校环境育人文化需要做到以下几点：一是为高职院校打造高雅育人环境建言献策，二是挖掘利用校园环境的育人元素，三是指导创建学生"三自"育人文化。

2. 参与创建教师育人文化

教师文化是高职院校文化育人的必备条件，也是重要资源。2019 年 11 月，教育部等七部门联合印发《关于加强和改进新时代师德师风建设的意见》，旨在全面提升教师的思想政治素质和职业道德水平，这也为高职院校加强教师育人文化指明了方向。高职院校辅导员参与教师育人文化建设既是发挥教师文化育人的需要，也是加强自身队伍建设的必然需求。

参与创建教师育人文化需要做到以下几点：一是充分发挥师德师风的育人作用，二是建设高职院校辅导员特色育人文化。

四、高职院校辅导员思政教育工作的内容

思想政治教育工作是校园建设的基础，是教育系统中的一项基本教育要素，有利于和谐校园的建设。但是长期以来，许多高职院校并不重视学生的思想政治教育工作，校园暴力事件频发，造成恶劣的影响。高职院校思想教育工作，是要提高学生的思想认识、政治觉悟，引导学生的政治立场，以及思想观点。高职院校的学生年龄相对较小，生源素质本身偏低，辨别能力有待提升。因此需要辅导员加强管理，关注和引导学生的思想动态，促进学生素质的全面提升。高职院校要重新建构思想政治工作的内容，探索创新工作方式，保证思想政治教育工作的效果。

（一）大学适应期的思想政治理论和心理健康教育

高职院校的学生从普通高中，或者对口高职，开始新的转变的适应期，需要逐渐调整和缓冲。同时，进入新的适应期，许多学生比较迷茫，需要进行引导。高职院校在思想政治教育工作中，需要明确培养什么样的人、怎样培养人，从心理和思想上，引导学生度过适应期。开展基本思想政治教育，依据思想政治理论课，高职辅导员要对学生进行社会主义核心价值观、法律观、道德观、理想信念等教育，提高高职学生的法律素质以及思想道德素养。目前，在高职院校思想政治教育中，缺乏道德规范、基础文明等教育。为提升学生的思想道德修养，需要进行行为规范教育，提高学生的综合素质。在思想政治教育工作中，加强日常心理健康引导。高职学生存在情感脆弱、自卑等心理问题，由于人格发

展的局限、学生认知水平以及社会偏见，高职学生存在较大的心理压力，对高职学习缺乏明确的目标。同时，大部分学生受网络的影响，其个性心理、情感表达、个人价值等，都有各种不同的状态或者偏差。高职辅导员需要重视对学生的心理健康教育，不仅要进行心理疏导，而且要充分利用网络，比如微博、微信等加强对学生的引导，提升学生辨别信息的能力，以及认知能力，合理监管网络不良行为，关注学生健康心理状态的养成与发展。

（二）大学发展期的社会实践和职业规划教育

高职学生适应学校生活后，要关注自身的发展，促进专业能力的进步，思维能力的提升。学生心智不成熟，缺乏全面、深入考虑问题的能力。高职教育为社会培养高技能素养的一线人才，注重理论和实践的结合。因此，高职辅导员需要关注社会实践规划教育。辅导员工作在第一线，不仅要注重理论教育，同时要了解学生的能力素质以及个性特点，加强实践教育。综合考虑学生的具体情况，给予个性化指导，帮助学生制定职业发展规划，合理指导社会实践，培养学生的团队意识以及专业技能。辅导员要及时帮助学生解决在社会实践中遇到的问题，督促学生做好就业准备，提升个人的综合能力。

（三）大学成熟期的就业指导和职业道德教育

高职学生在学校生活的第三年，逐渐走向成熟，可以冷静观察事物，处理一些问题，需要继续加强就业指导，进行职业道德教育，为走向社会做准备。学生在这一时期，更注重具体的工作岗位，更加熟悉自己的专业领域。但由于严峻的就业压力，以及就业形势不明朗，许多学生出现典型的毕业前迷茫。高职学生不缺乏专业技能，缺乏的是就业竞争力。经过三年的专业学习，积极培养学生的实践动手能力。但职业道德教育、就业指导仍需要进一步完善。一些学校的就业指导，与社会就业、学生实际情况相脱离，不能充分发挥作用。高职辅导员在开展思想政治教育工作时，需要兼顾社会的需求，进行职业道德教育，帮助学生理性择业，理性就业。总之，高职辅导员要制定科学的思想政治教育计划，合理组织，建构思想政治教育系统，将思想政治教育贯穿于高职学生学习的始终，贴近实际，贴近学生和社会，使思想政治教育更加具有针对性、指向性和实效性。

第二节　基于工匠精神提升高职院校辅导员职业能力

一、工匠精神是高职院校辅导员提升专业技能的精神支撑

我国具备工匠精神的工艺匠人，其最有价值的精神在于对自身职业的操守，并具备高度的责任感和价值认同感，相对于职业所带来的经济效益，他们更加重视个人职业价值，

将所创造的价值与个人荣辱感相结合，用执着的工作态度去提升自身技能和工作成效。高职院校辅导员利用工匠精神实现自身价值，首先需要进行职业角色的认同，并将教育价值处于个人职业价值之上。辅导员将学生看作工艺匠造的艺术品，将工匠精益求精的生产精神应用到教育工作中，改善传统僵化的培育机制，投入更多教育精力关爱学生和了解学生，利用掌握的实际情况精雕细琢教育管理内容，使培养出来的学生成为匠造的"精品"。只有辅导员自身认识到工匠精神的内涵和价值，才能积极主动提升自我技能和职业理念，利用工匠追求精品的坚韧精神，将辅导员工作趋向专业化和职业化发展，将个人教育目标与培养优秀人才的教育责任相结合，才能更好地将匠人精神落实到具体工作中，并以此为提升职业能力的动力，激励自我更好地实现教育意义和价值。

二、工匠精神是实现立德树人教育工作的精神指引

我国教育发展和进步对高职院校育人工作提出新的要求，强调高职院校育人工作的开展关系到学生发展，要重视培养学生的具体路径和方法，利用立德树人的思想作为教育工作的中心环节，将思想政治教育贯穿到具体工作内容中，培养全方位的符合新时期发展的优秀人才。工艺匠人在历史长河中秉承着立德树人的品质，并重视个人思想道德素质，重视将优秀的品德传承和发扬光大。高职院校辅导员的教育工作对象是大学生群体，新时期大学生更具个性化和差异化，其思想境界还处在未成熟时期，面对社会复杂问题和多元化文化的冲击，不能有效地辨别和驾驭，这种情况为高职院校辅导员的职业管理工作提出全新挑战。辅导员作为高职院校师资团队中思想政治教育的重要组成部分，在进行育人工作过程中，要树立育人成才的教育标准，在完成基本学习的基础上，加深学生对立德的认识，在学生心理教育和学业指导方面，利用工匠精神精雕细琢的品质，做好工匠精神指引下的教育工作。另外，辅导员要重视我国优秀传统文化的普及和弘扬，工匠精神作为优秀传统文化的重要组成部分，是教育工作的指引精神，作为高职院校的知识传播者和教育传授者，要重视优秀传统文化的传播。

第三节　高职院校辅导员工匠精神培育的现状与策略

一、高职院校辅导员工匠精神培育的现状

（一）职业认知不够明确

职业认知是指从业者对职业有正确的认识，对自己职业角色产生认同感，尤其是多元文化发展背景下，高职院校辅导员于当代教育实践与教学研究的在校教育中承担多种角色，有班级管理者、服务人员、朋友角色、德育工作者等，角色的多重性就意味着要承担

更多的责任，在扮演不同的角色时要尽不同的义务，这就需要高职院校辅导员建立清晰的职业认知，提高自己的文化素质，提高责任感意识。作为学校教育工作参与者，角色的多重性要求教师对职业多一份期待，而这种期待则转化为更大的责任和压力，时间长了，教师容易产生职业倦怠和疲劳。这个时期是教师意志不坚定的时期，职业认知不够明确很容易导致工作懈怠，在身心俱疲的压力下，难以集中精神投入教育管理中，缺乏动力和创新力。

（二）职业情感不够投入

教师在开展工作中，需要投入极大的精神，职业情感指引高职院校辅导者在学生教育工作中能够发自肺腑、满腔热情地投入工作中，要自觉履行教师角色职责，热爱职业，为了职业发展不懈努力。第一，要求在开展教育工作中，高职院校辅导员要体现角色多重化，很多高职院校在实际工作中对辅导员工作布置较多，权责不明确，促使辅导员不确定自己的具体工作内容，长期工作下来，就会出现不满情绪，渐渐丧失了职业成就感。第二，辅导员教育工作事情比较琐碎、复杂，教师难以保证所有时间都用来研究学生思想教育课程工作，科研水平较低，管理水平上不去，难以潜心研究管理工作规律，缺乏职业归属感，缺乏动力，工作效果不好。

（三）职业责任落实困难

职业责任指一定职业活动中人们所承担的特定职责，思想工作更要以事业心和责任感为支撑，只有在工作中时时谨记责任意识，才能保证最佳的工作状态。然而，教育改革推广下，高职院校辅导员虽然提高了责任感意识，但是面对庞大的学生群体，在落实责任感工作中还存在一些问题。首先，从角色认同上，在实际工作中，辅导员是学生的朋友、教师和知心人，多种角色下难免出现冲突关系，也正是出现角色定位不清晰，才容易使教师在复杂的关系下和烦琐的工作环境中感到困惑、工作无力，出现缺位和错位现象。其次，从利益角度看，辅导员与学生关系密切，每一项工作都可能涉及学生的利益，如评奖、入党、班委选举等，一旦学生的情绪有问题，心理就容易出现问题，辅导员往往难以做出人人满意的选择。

二、高职院校辅导员工匠精神的培育途径

高职院校辅导员在学生成长成才过程中担任着重要的角色，在推进现代学徒制的进程中发挥着不可或缺的作用。但是，辅导员的优秀特质不是一朝一夕就能形成的，必定是一个循序渐进、不断积累和持续历练的过程，需要良好的外部环境，当然也离不开自身的主动性和自觉性。辅导员优秀特质是工匠精神的一种体现，在培养过程中需要将工匠精神融入高职院校师德师风建设、辅导员发展机制和辅导员自身修养的提升，才会有效增强育人工作成效。

（一）工匠精神融入高职院校师德师风建设

师德师风是学校的灵魂，师德师风不仅直接关系到学校的社会主义办学方向和人才培

养目标，而且会体现出教师的职业道德和教风学风。高职院校师德师风建设要以服务职业教育发展和提升人才培养质量为指引，以提高教师的职业素养和专业技能为根本。高职院校要为社会培养大批"用得上、留得住、干得好"的优秀毕业生，就需要在师德师风建设中融入工匠精神，结合职业教育的特点和要求，在专任教师和辅导员中开展传承工匠精神专项教育，完善师德师风考评机制，对于在教书育人过程中自觉践行工匠精神的专任教师和辅导员进行表彰和奖励。高职院校要营造宣传、学习工匠精神的浓厚氛围，为培养辅导员优秀特质提供肥沃土壤。

（二）完善辅导员发展机制，打造工匠队伍

高职院校要加强对学生工作的重视，完善辅导员成长机制，增强辅导员职业归属感和认同感。进一步明确辅导员工作职责，避免将与学生相关的所有工作都交给辅导员去完成，要充分发挥辅导员对学生进行政治觉悟、思想认识、道德品行培养的作用，留出足够多的时间和空间让辅导员进行专项工作的研究，确保辅导员职业化、专业化落到实处。健全辅导员准入制度，优化选人、用人机制，真正将专注于学生思想政治教育的人才招入辅导员队伍，细化考核评价指标，强化激励机制，对辅导员实行优胜劣汰。在辅导员职称评定、职务晋升、福利待遇等方面给予重视，让辅导员在学生工作中享受更多获得感和幸福感，这也为具有工匠精神的辅导员队伍的建设提供了坚实保障。

（三）辅导员师徒结对实现共同提高与进步

师父带徒弟是一种古老的工匠培养模式，师徒之间除了传递技艺，更为重要的是传承一种品格和精神。刚刚步入职场的辅导员大都是从学校到学校，还没来得及实现角色转变就已经投入具体工作中，难免会手足无措、顾此失彼。高职院校可以尝试在辅导员中间推行师徒结对形式，让工作经验丰富、深受学生爱戴的辅导员对新辅导员进行"传帮带"，协助其尽快适应岗位、熟悉业务。学校要明确双方的职责和任务，定期对师徒结对的情况进行考评，保证该形式能够顺畅有序地执行。新辅导员可以从师父身上学到工作方法和敬业精神，老辅导员可以从徒弟那里学到一些更受学生欢迎的沟通方式，实现共同提高与进步。

（四）辅导员重视自身修养的提高，提升工匠气质

高职院校辅导员优秀特质的培养除了需要创设良好的外部环境，还需要自身的努力和投入。首先，要确定辅导员工作是否符合个人职业生涯发展的要求，一旦上岗，就应当脚踏实地、锲而不舍，深入研究辅导员在工作中需要发挥的作用、解决的问题、完成的任务，树立崇高的历史使命感和社会责任感。其次，思想政治教育是辅导员工作的重要内容，不断强化个人的理想信念和职业素养是辅导员认真完成各项工作的关键。在坚定自己政治立场的同时不断提升个人素养，以自身良好的综合素质引发学生共鸣。最后，辅导员在扎实细致地做好本职工作的同时，要注意对工作方法的思考、对工作经验的总结、对工作失误的反思，用具体行动传承工匠精神，以自身修养提升工匠气质。

第六章

基于辅导员实践的高职院校
工匠精神培育

第一节　基于辅导员实践的高职院校工匠精神培育的意义

在国家全面深化改革之际，高等职业教育提出，培育工匠精神是提升内涵建设，满足社会经济发展的需要。而辅导员作为学生的领路人，在职业院校工匠精神的培育过程中，起着至关重要的作用。

一、锤炼"工匠精神"是"中国制造2025"的战略需要

《高等职业教育创新发展行动计划（2015—2018年）》明确指出，高职教育的主要目标是提升技术技能人才培养质量，提高应用技术研发能力和社会服务水平，形成与行业企业共同推进技术技能积累创新的机制，增强服务"中国制造2025"的能力。在高职院校中加强工匠精神的培育，有利于适应社会对技术技能人才的需要。为此，高职院校辅导员应积极探索实践育人方法，调整管理学生的思路，转变育人理念，在日常教育中渗透工匠精神，培育满足社会经济发展需要的人才，助力中国由制造大国向制造强国的迈进。

二、工匠精神是职业教育"立德树人"的特质和灵魂

工匠精神不仅是技术、技能，更是人的素质素养，是人的全面持续发展。教育的根本任务是立德树人，高职院校辅导员作为教育的主体之一，将工匠精神融入学生日常教育，才能给职业教育灌注丰富的思想内容，才能提升职业教育真正的人文价值，培育学生的人文情怀，提升学生的人格魅力。也只有这样，才能给职业教育带来立德树人的特质和灵魂。

三、工匠精神是职业教育文化的软实力

高职院校将工匠精神的正确理解引入职业教育，用工匠精神滋润学生心灵，具有十分重要的意义。只有这样，才能让社会真正认识到劳动光荣、技能宝贵、创造伟大。因此，培育和弘扬工匠精神，能够跟劳动、技能和创造紧密地结合起来。从而彰显工匠精神的育人功能和意义，提升职业教育的文化软实力和影响力。

四、工匠精神是学生可持续发展、实现自身价值的现实需要

人才是企业最重要的生产要素，是重要的生产力，企业的竞争不仅是资本和技术的竞争，更是人才培养和创新驱动的竞争。高职院校理当成为培育工匠和工匠精神的主阵地，培养学生清晰的职业理想、良好的职业道德、细致的工作态度、严谨的职业规范，将工匠精神融入学生职业发展，才能实现回报社会、服务企业、个人持续发展的终极目的。

第二节　工匠精神视域下高职院校辅导员工作的职责

一、引导学生扣好人生第一粒扣子

早在 1912 年，蔡元培就以一篇《对于新教育之意见》的教育论文阐述了教育的本质为"五育并举"。在国家整体的教育体制中，大学既是研究高深学问之地，同时，也是培育正确人生观、世界观的关键环节。新时代党和国家对大国工匠提出了明确要求，担当民族复兴大任必先立德，这是对当代大学生寄予的殷切希望，也为辅导员工作的开展提供了努力方向和基本遵循。

近年来，党中央不断加强对教育大计的顶层设计，特别是高职院校进行大规模扩招，致使高职学校生源不断呈现出多样化发展的趋势。不同层次学术基础的学生对学习的兴趣差别较大，部分学生缺乏积极主动的学习态度，思考相对被动。在文化大爆炸的信息化时代，新生代的"00后"个性鲜明，对步入大学后的生活充满期待，同时也对未知社会充

满好奇，也有部分学生会因为理想与现实之间的矛盾而产生迷茫和失落的情绪。因此，面对相对复杂的生源学情，辅导员作为高职院校学生在校学习及生活的直接参与者、规划者和管理者，首先要做好对各层次学生的学情分析工作，深入了解学生的原生家庭、文化素养及道德修养等情况，不仅可以为开展教学工作做好前期配合准备，也是为制定更加精准、高效的大国工匠计划做好基础性铺垫；其次，仅靠课堂中对技能的传授，无法落实对大国工匠的全方位培育。因为岗位特性决定了辅导员将是高职学生在校期间联系最为紧密的人，所以在学生的日常学习和生活中，最容易看清学生的思想动态。因此，要抓住学生步入大学后面对未来多重选择的懵懂期，引导学生树立正确人生观、价值观，以坚定马克思主义科学理论，实现中国特色社会主义共同理想、共产主义远大理想的角度清楚看待国家发展大势，立志做大事，合理规划未来的职业生涯，继而制订科学发展计划，避免学生盲目努力之后失去奋斗的动力。

二、在突发事件中做好学生心灵的引路人

高职院校辅导员在管理学生工作中属于一线岗位，所以在面对校园突发事件时，可以起到关键作用。高职院校辅导员不仅是学生的管理者，也要成为学生心中值得信任的对象。只有被学生信任，才能在事件发生的第一时间掌握具体情况，提出处理意见。所以，必须要与学生常沟通，并做好相关记录，以便后续对学生进行心理活动以及思想动态的分析与了解。针对在谈话排查中出现情绪和心理问题的学生，要及时与家长建立联系并同家长协调配合疏导学生不良情绪，从而降低学生因心理健康问题引发校园突发事件的概率。

在公共安全事件中，部分大学生曾表示，存在焦虑不安、紧张惶恐心理。因此，在此类突发卫生安全事件中高职院校辅导员应与学生保持良好沟通，实时了解学生思想动态，及时对学生心理健康状况进行评估。同时，也应在国家危难之时，强化学生责任担当意识。要鼓励学生在苦难中磨砺自身意志，在做好个人和家庭防护工作的同时积极参与并投身社会公益服务事业，如深入基层进行卫生安全知识宣传、参与医疗物资募捐活动等。也要通过学习人民英雄的先进事迹、开展专题教育活动，加强学生对爱国主义的理解，引导学生树立正确生死观，使其懂得社会主义制度的优越性，增强对马克思主义意识形态的认同感。

三、为学生"立德立言立行"

处于世界观、人生观、价值观形成的"拔节孕穗期"的大学生，很容易将频繁接触的辅导员当成模仿的对象。所以，辅导员个人品行易对学生产生较大影响。因此，辅导员理想信念越崇高，行为举止越卓越就越能够为学生树立起先进示范作用。作为辅导员就要恪守职业素养，争做"四有"好老师，有理想信念、有道德情操、有扎实学识、有仁爱之心。新时代，每名大学生都是网络资源的享有者，但在纷繁复杂的信息汇流中，各种意识形态掺杂其中，这就对辅导员的主流意识形态引导工作发起了挑战。要使学生做到明辨是

非，首先就要重视榜样示范作用。

榜样教育可以说是对大学生进行思想政治教育的重要组成部分。培育大国工匠离不开教育的本质立德树人，所以辅导员一定要明确自身的重要使命。首先，自身要成为社会主义核心价值观的践行者，把 24 字的核心价值理念融入日常工作和生活中，并把修身立德作为对自身职业素养提升的源动力，用充满正气的能量感染学生、教化学生。其次，要时刻提醒自己不忘初心，灵活运用马克思主义世界观和方法论这两种科学的"显微镜"和"望远镜"来发现问题的本质、分析和解决问题，确立终身学习的理念，求真务实、刻苦钻研，不断提升自身的业务能力。再次，要做到谨言慎行，讲求表达观点与建议的方法和尺度。教化学生是辅导员工作的核心任务，所以要敢于打破与学生之间的屏障，建立起一种值得被信任的、平等的师生关系，但在与学生沟通交流过程中要循序渐进，要充分尊重学生的人格，尊重学生的隐私，这就要求高职院校辅导员不断修炼言语表达艺术这门课程，努力提升自身的言语表达能力，追求润物细无声的教化效果。最后，高职院校辅导员应该把"言行一致"作为日常行为规范，不仅要引导学生树立崇高的理想信念、积极乐观的人生态度，自己也要心怀家国，树立科学高尚的人生追求，真诚服务学生，以自身的勤学修德、明辨笃实感染学生、带动学生成为未来德才兼备的大国工匠。

《国家职业教育改革实施方案》指出："职业教育与普通教育是两种不同的教育类型，具有同等重要地位。改革开放以来，职业教育为我国经济社会发展提供了有力的人才和智力支撑。"高等职业教育致力于培养高素质应用型技能人才，而高职院校辅导员承担着帮助学生确立正确科学的人生观、世界观的关键任务，直接关乎学生自身素质的提升和对未来国家大国工匠的锻造。所以，高职院校辅导员要在不断寻求教育方法创新上下功夫，加紧提升对学生思想政治教育的实效性。

第三节　高职院校辅导员工匠精神实践方式

在学生的养成教育中注入工匠精神，培育工匠品质，是高职院校提高人才质量的实现路径。为此，高职院校辅导员可分年级、分主题开展工匠精神的培育工程。

一、校园文化直通工匠文化

举办技能展示月，组织学生以各种形式，参与科技作品制作，培养学生创新创造能力，并对学生自制作品进行展示和点评，将工匠精神转化为具体的"文化行为"融入学生工作中。打造体现技能特色的道路文化和广场文化；建立技能大师事迹展览馆；在教学楼道、公寓楼道设计了企业文化长廊、校友风采长廊，使学生时时、处处都能受到浓郁的技能文化环境的熏陶，营造崇尚工匠精神的校园文化氛围，教育学生恪守校训、厚德强技、奋发有为。

二、主题活动融合工匠精神

一是在社会服务中体验工匠艰辛。组织学生参观学院教学实训基地，邀请学生亲自动手体验技术工人的工作。在社会服务中，了解职业乐趣，感受工匠精神的特色与魅力。

二是在实践教育中感受工匠精神。邀请职业教育研究机构、学会等进校举办论坛、讲座、展览等，展示工匠精神的历史沿革、创新成果、典型案例，教育学生坚定理想信念、崇尚劳动、敬业守信、精益求精、敢于创新，掌握中高端技术技能，成为促进中国制造走向优质制造、精品制造的主力军。

三是在相互交流中传播经验。邀请劳模、大师、企业家、技术能手和优秀毕业生走进校园做报告、传播前沿施工技术、交流成功经验，激励在校学生尊重职业、尊重技术技能、尊重工匠。

四是在工地实践中培育工匠意识。职业精神往往要通过实践才能内化为从业者的职业素质。当工匠精神与具体的职业场景相关联时，学生会更真切地体会工匠精神的实质与价值，并将其作为自己的职业信仰与追求。为此，组织学生参观公司的实训基地，让学生体验观摩工作流程、与工匠大师切磋技艺绝活，在实践中培育学生的职业意识、精品意识、创新意识。

三、专业社团丰富工匠内涵

工匠精神的拓展离不开专业技能的提升，而专业社团往往是学生专业技能提升的平台。为此，辅导员和各专业教研室主任结对子，共同帮助学生成立突出技能培养和工匠精神传承的社团。教研室主任担任社团的指导教师，辅导员担任专业社团的组织教师，发挥专业社团育人功能，拓展工匠精神的文化内涵。一是每年为学生专业社团争取活动经费，为社团建设提供必要的条件；二是实施分类指导，共同管理学生社团。专业社团均挂靠专业教研室和相关辅导员，辅导员教师协助管理社团的日常事务，教研室主任指导社团开展活动，进行专业训练。

四、技能大赛提升工匠技能

技能竞赛是检验学生技能水平的试金石，是工匠技艺比拼的舞台。通过校内建舞台、校外搭平台，引导学生崇尚技能、精益求精、追求卓越。一是在技能竞赛月为学生、家长和社区居民设立观赛通道、项目体验和成果展示区域，传播职业教育和工匠精神的正能量、好声音、新形象；二是积极开展技能大赛获奖学生优秀典型宣讲团，进班级、进教室、进宿舍巡回宣讲其经验和事迹，在全院形成"榜样引领学技能、切磋交流共提升"的文化氛围；三是完善奖励制度，对于技能竞赛中获奖学生在奖学金评定、"学习刻苦"青春榜样评定中予以优先考虑。

五、社会服务培育工匠作风

工匠精神离不开社会认同,而社会认同离不开工匠的为民服务。通过组织学生"走出去",利用本地社区、广场、公园等场所,开展紧贴群众生活的服务活动,让群众感受职业教育服务美好生活,既能高大上,又能接地气。一是组织企业文化进社区,通过展板宣传、学生讲解,让工匠精神走进普通百姓的生活;二是组织学生进驻企业,配合企业完成生产任务,在社会服务中锻炼工匠作风。

六、"互联网+"提升工匠影响力

"互联网+"时代,紧扣工匠的主题,充分利用新媒体强大的信息传播功能,致力于建设官方微信、微博等账号,将工匠精神在学生中进行广泛传播,从而强化了培育学生工匠精神的效果。一是分批次、分时段在官方微信平台推送文章,在班级微博中推送大国工匠等相关内容;二是搭建校园师生交流互动和网络文化活动的服务平台;三是在 QQ、微信、贴吧等网络载体上开展了形式多样、丰富多彩的活动。

高职院校技术技能型人才的培养需要工匠精神的引领,作为出身教育一线的高职院校辅导员,只有将工匠精神引入学生日常教育,积极探索培育工匠精神的新形式和新方法,才能为国家育工匠,为制造业树典范。

第七章

基于工匠精神培育的高职院校辅导员队伍建设

第一节　高职院校辅导员队伍建设面临的新形势

一、辅导员队伍建设的新要求

高等职业教育是一种兼具职业属性和高等属性的教育，职业属性和跨界属性是职业教育的主要特征和本质属性。高职教育这一特殊的高等教育类型，在学生群体、学生素养、教学目标、培养模式等方面都不同于普通本科院校，其培养出的学生不仅要符合高等教育的基本要求，还需要满足职业教育培养目标的要求。因此，高职教育需立足实际，更注重实践以及应用性的特征。产教融合、校企合作是提升高等职业教育人才培养质量，解决当前突出的产业转型升级中人才需求与职业教育人才培养供给之间结构性矛盾的根本路径。职业教育的高质量内涵式发展离不开思想政治教育，尤其是一线专职辅导员的日常思想政治教育。高职院校辅导员承担着高职学生在学习、生活、生产实践等多环节的思想教育、道德教育和职业素养教育任务，在实际工作中必须坚持以立德树人为根本，立足职业教育的类型定位，走产教融合发展道路，努力做好学生职业道德、职业态度、职业能力等方面的培养，使其成为德技双馨的、兼具实用性和适用性的高素质技术技能型人才。遵循职业教育的类型定位和学生职业成长规律，开展以产业和职业需求为导向的大学生职业核心素养的养成教育，实现辅导员职业能力提升由参照普通高校辅导员模式向企业、社会、学校多方参与，职业特色鲜明的类型教育特征转变，是加强高职院校辅导员队伍建设，适应国家未来职业教育发展的关键所在。辅导员作为提升学生职业素养的中坚力量，要深入推进产教融合人才培养模式，聚焦当代高职学生适应社会进步、满足岗位竞争和个体职业发展需要必备的品格和关键能力，围绕企业产业链人才需求、经济社会发展等热点开展教育活动，实现人才培养设计与产业岗位需求、思想教育内容与职业标准、教育过程与生产过程的衔接融合，把工匠精神融入学生教育管理的全过程，把学生培养成适应产业发展需要的新时代"工匠"。同时，辅导员要重视职业性，以耦合区域产业结构调整对高职人才培养规格与质量的需求来提升自身的职业教育能力，使自身的发展与高职教育的改革发展及人才培养的特殊定位相适应，形成对接产业需要的教育管理方式。

二、辅导员队伍建设的新期待

世异则事异，事异则备变。随着高等职业教育改革的深入推进，在以立德树人为核心的职业教育高质量发展目标的指引下，加强高职院校辅导员队伍专业化建设已成为国家和高校的共识。加强高职院校辅导员队伍建设既是应对高校思想政治教育工作场域转换的客观要求，同时也是深刻把握教育对象身心发展规律的现实需要。高职院校辅导员作为学生成长成才路上的"关键导师"之一，在对处于"拔节孕穗期"的青年进行人生目标引导、成长成才现实困惑疏导时，要在自觉服从高等职业教育人才培养整体逻辑变化和高职学生成长成才个体逻辑变化的前提下，在多元中立主导，多样中谋共识，多变中定方向。高职院校辅导员在对学生开展思想政治教育时要根据人才培养目标和人才培养模式，对学生思想政治教育的内容、重点、方法和途径等作出相应的调整，主动回应学生面向未来的发展需求，努力提升开展适应性思想政治教育的能力。同时要深入研究和准确把握网络时代高职学生的思想特点、行为准则和价值观念，强化能力建设，提升自我的网络思想政治教育能力。辅导员要准确把握学生的思想发展脉络，既遵循新时代青年群体普遍性的群体特征，又要考虑职业教育和高职学生的特殊性。充分利用大数据技术对高职学生的思想状况、现实需求、问题困惑和行为范式进行数据画像，结合学生的新思想、新行为、新习惯、新问题，寻找符合高职学生特点和需求的网络思想政治教育方式，能够在新的教育情境中弹性地进行思想政治教育，从而提升对学生教育引导、心理咨询、发展指导的科学性和精准度，能够用最佳的方式解决学生思想和道德方面的问题，牢牢掌握"第三课堂"的主动权，真正把握思想舆论领域的话语权，将主流意识形态的价值理念转化为学生的情感共鸣、价值共识和践行向导。总之，面对职业教育育人环境的变化和高职学生越来越多的个性化发展、多样化追求，高职院校辅导员队伍建设必须依据高职教育人才目标定位的独特性对辅导员的专业素养方向、角色定位、职责与功能提出新的更高要求。辅导员队伍建设必须与学生成长成才教育同频共振，在教育中坚持职业教育的类型定位，将思想政治教育、心理健康教育、安全教育、学业指导与职业相结合，围绕学生职业素养的养成来开展教育，不仅要有方法的改变、能力的提升，更要有思维的转变和意识理念的优化，努力探索基于高职学生发展需求的辅导员专业化建设机制，做到精准施策，实现高质量对焦。

三、辅导员队伍建设的新任务

近年来，国家高度重视思政队伍建设，高校辅导员队伍在规模、结构、职业发展路径和职业素养提升方面都有了明显改善。特别是《普通高等学校辅导员队伍建设规定》（教育部令第43号）作为提升辅导员专业化、职业化水平的重要制度设计，把辅导员专业化正式作为辅导员队伍建设的目标，这充分展示出党和国家对辅导员队伍建设的高度重视。

随着我国政治、经济、社会、文化、教育等各方面的变革，职业教育也获得了前所未有的重视和发展。职业教育的类型定位、人才培养模式和管理体制都逐渐明晰。随着大学生群体的演化，大学生在思维模式、学习方式、交往模式、行为模式等方面也凸显出了时代性。高校思想政治教育面临的主要矛盾就是学生多样化、个性化的诉求与高校思想政治教育供给不平衡、不充分的矛盾。高职院校学生在生源、知识结构、行为习惯、自我认知等方面与普通本科院校学生有很大的差异，网络影响着他们对世界、人生和自我的认知，加之职业教育所涉及的教育活动不仅需要关注学校、学习、教育层面，还要关注企业、工作和职业层面，这都使得高职院校的思想政治教育工作面临着巨大的挑战。

新时代背景下，高校思想政治工作有着更新更高的目标和内涵要求，从客观上就更需要一批掌握先进教育理念、管理方式和科学研究方法的辅导员队伍，从而强化高校思想政治工作的队伍保障。因此，在当前全面加强高校思想政治工作，全面提升人才培养质量的战略机遇期，辅导员队伍的专业化、职业化建设是新时代的历史要求和价值目标，本质就是要求辅导员强化自身职业能力提升，从而适应新时代人才培养能力的全面专业化，提升辅导员对学生思想引领的科学化、个性化和精准度。高职院校辅导员必须在科学厘清其功能定位、职业素养要求的基础上，以立德树人为核心，准确把握辅导员队伍整体与辅导员个体的专业化发展内容与要求，深入探索实现高职院校辅导员专业化发展的科学路径，构建科学系统、全面协同的队伍发展模式，从而实现思想政治工作的高质量、内涵式发展。

第二节　高职院校辅导员队伍的特点

新时代背景下，高职院校辅导员队伍呈现出新的发展特点。准确把握这些特点，是加强新时代高职院校辅导员队伍建设的有效前提。

（一）人员构成偏年轻

新时代高职院校辅导员招聘往往要求应届毕业生，直接促使辅导员队伍年轻化。年轻的辅导员精力更为充沛，年龄上与大学生更为接近，更能了解大学生的想法和真正心理诉求。

（二）专业背景多元化

现高职院校辅导员招聘往往不限制专业，更多强调扎实的思想政治理论和组织管理能力，因此辅导员队伍往往是来自工科、理科、文科各专业的人员。专业背景多元化，有利于辅导员间相互学习，也有利于对学生在实习就业方面给予更有针对性的指导。

（三）具有过硬的政治素质

高职院校辅导员队伍作为学校党务、行政和教育工作的最基层，是学校联系学生的重要纽带，是大学生主流思想意识形态教育的引导者和强化者。高职院校辅导员大都拥有坚定的政治信仰，对马克思主义理论和中国特色社会主义理论在本质上有着科学的、理性的、深刻的认识；在实际工作中也始终拥护党中央的各项路线和方针政策，认真落实各项决定，思想上同党中央保持着高度一致。

（四）教育理念较为先进

新时代，在互联网高度发达的环境下，高职院校辅导员借用便利的网络，容易吸收先进的教育理念，更多采取激励和引导的方式开展工作。这有利于拉近与学生的距离，了解学生的真实心声，且包容性较强，容易接受学生价值观的多样性。

（五）工作内容复杂多样

2014 年，教育部下发的《高等学校辅导员职业能力标准（暂行）》将思想政治教育、党团和班级建设、学业指导、日常事务管理、心理健康教育与咨询、网络思想政治教育、危机事件应对、职业规划与就业指导、理论和实践研究 9 个方面作为辅导员的工作范畴，并规定了"初、中、高"三个等级的能力要求。这意味着学生在校学习生活的每一个环节都离不开辅导员的参与指导，学校对学生的教育服务也离不开辅导员的执行和落实。显然，辅导员的工作具有明显的全程、全员和全向的基础综合性。首先，辅导员工作在教学和行政的第一线，任务却由多头下达，涉及学工团委、教学管理、招生就业、宣传组织、后勤保障等多部门，千头万绪、任务艰巨；其次，辅导员直接面对的是学生，只有在对学生的基本信息充分掌握的前提下，辅导员工作才能把握主动，达到一匙多开的万能作用；最后，辅导员的工作覆盖学生学习、工作、生活、心理、就业等范围，只有关注、处理好每一个问题，工作才能落到实处。

（六）具有较强的可塑性

辅导员既属于德育教师，也属于行政管理干部，其身份具有双重性。此外，辅导员队伍作为一支思维活跃、政治觉悟高的工作队伍，尽管面对纷繁复杂的工作，仍然有条不紊、出色地完成各项任务，在优秀的表现中脱颖而出，成为学校最年轻、最活跃的佼佼者，深受各级单位的关注。这说明辅导员队伍具有明显的可塑性，也证实了辅导员岗位是学校培养可靠的后备干部的熔炉。

第三节　高职院校辅导员队伍建设的问题

在职业教育高质量发展的过程中，面对职业教育育人环境、受教育群体变化和提升高职教育人才培养质量的建设目标，高职院校辅导员队伍建设仍存一些不适应、不匹配的现实困境，使得辅导员队伍专业化、职业化发展呈现不平衡、不充分的特点。

一、"双重角色"与多重角色期待之间的矛盾

（一）辅导员角色身份在制度层面的双重定位

2014年教育部出台的《高等学校辅导员职业能力标准》对辅导员专业角色和职业身份进行了明确且详细的定位，再次强调了辅导员的双重身份，明确了辅导员的专业角色、职业身份、职业能力和职业守则等内容。这为激励辅导员专业成长、发展晋升、理想角色塑造提供了政策依据和发展路径。2017年教育部对24号令进行修订，出台了第43号令《普通高等学校辅导员队伍建设规定》，对辅导员的身份目标、工作职责、职业能力要求、发展晋升保障做了明确的规定，并将辅导员纳入高等学校师资队伍和干部队伍的培养培训规划，这对辅导员的角色进行了具体定位，使辅导员自我期望与他人期望有效融合。

辅导员作为教师队伍中的个体，具有教育者的形象和职能。辅导员通过教书育人进行"价值性"的传道、授业、解惑，在工作中始终把"教育为政治服务"作为教育的根本宗旨，把培养德智体美劳全面发展的建设者和接班人作为教育的出发点和落脚点。辅导员作为干部，具有管理的职能，是高校组织系统内部学生事务的服务者，需要做好了解学生学习、生活、就业情况，做好学生勤助、评优、就业辅导、班级管理、家校、校企沟通等工作，有针对性地为学生提供各种帮助。

辅导员"双重身份"在国家制度层面的定位意义重大，顺应了我国高等教育普及化阶段的国情和学情，而且明确了新形势下辅导员工作的要求与职责，适应了我国高等教育的学生管理模式，这将大大激励辅导员工作开展的热情和积极性，为辅导员在立德树人根本任务指引下开展具体工作排解了后顾之忧，使得辅导员能够契合高校育人工作、思想政治工作和学生心理发展特点的要求，按照辅导员岗位职业准则、职业情操、职业品质积极有效开展工作，也对辅导员工作绩效考核和职业发展路径提供了政策依据，这对辅导员整体队伍的稳定和专业化发展具有非常积极的作用。

（二）辅导员角色身份在现实层面的多元要求

《普通高等学校辅导员队伍建设规定》明确了辅导员兼具教师和管理者双重角色，这样就从国家制度层面确定了辅导员的职业角色、工作职责以及实现其专业发展的标准、空间和路径。但现实层面，由于辅导员"双重角色"衍生出多样的岗位职责和多重的角色期

待，造成辅导员工作形成一种全能性的职责分配。

高职院校辅导员角色的多元要求源于辅导员角色丛的丰富性。角色丛是指社会的某一个别地位所包含的不是一个角色而是一系列相互关联的角色，即每一个人的一种地位不只对应一种角色而是一束角色。每一种角色都有不同的责任与权力、行为规范、思维方式、能力、知识等的要求。辅导员在高校既是推动高校党政工作、教师教育教学工作和学生学习管理工作的助手，又是高校思想政治工作的骨干力量、学生日常事务管理的主导者、学生成长成才的助力者和陪伴者。辅导员由于其角色形象以及工作职责要求的多样性，使其成为高校中与学生发生交集最多、离学生最近的教师，是高校与学生建立联系的重要纽带和关键联结点。不同的角色定位，会造成辅导员职业归属感模糊，工作陷入无方向和不确定的尴尬境遇，主要表现在以下几方面：一是混淆自己与学校其他行政管理人员的角色定位。辅导员通过对学生的日常事务管理来开展思想教育，但从事务性管理的角度分析其与行政管理人员所体现出的完全程序性工作的区别不是很明显。二是混淆自己与思政课教师的角色定位。辅导员也上讲台，承担着思政课教学的任务，虽然与思政课教师共同致力于大学生思想政治教育，但二者在思想政治教育工作中的角色定位和育人功能的发挥有很大区别，且在工作内容、方式、场所方面也有很大区别。三是混淆自己与其他专业人员的角色定位。辅导员需要运用心理学、社会学、管理学等知识帮助学生解决心理健康、职业规划和就业指导等方面的问题，但并不苛求辅导员本身就是心理咨询专家和职业生涯规划专家。

(三)"双重身份"下辅导员的角色困境

"双重职能""双重角色"的定位，降低了辅导员工作本身的合法性，使得辅导员职业属性模糊、岗位职责泛化，从而造成辅导员出现角色困境、角色丛集失调。

1. 工作边界弥散，角色模糊

辅导员工作可以形象地比喻为"上面千条线，下面一根针"，学校层面遇到与学生相关的任何问题都可以概括成"去找辅导员"，有太多的"线"都试图通过辅导员这一根"针"落实工作。可见辅导员工作的多样性、复杂性以及艰巨性，这也充分显现出辅导员在高校稳定、学生成长成才过程中所扮演的角色形象以及所发挥出的关键作用。辅导员与学生联系紧密，学生更倾向于接受辅导员的实质性教育影响。但同时，学生并不完全处在辅导员的教育层面之下，学生学习与生活还受到专业教师、朋辈群体等的影响。这些不同的角色形象在学生成长中发挥着不同向、不同质的作用，这就要求辅导员肩负起思想政治教育骨干力量的作用，在多重角色身份中"兼职"，协调不同角色身份对学生的多方影响，全面发展学生的政治思想素质。

在职业院校内部管理系统中，辅导员作为职业院校院系层面与学生发生联系的主要连接点，相关职能部门在对辅导员的认知上产生集体性偏差，只要和学生有关联的工作都要辅导员协助完成，并且根据工作需要赋予了辅导员不同的角色期待。随着高职院校扩招，学生数量增加，生源成分越来越复杂，高职院校在学生管理中暴露出层出不穷的各种问题。学工、组织、宣传、团学、教务、后勤、保卫等各个部门为应对新情况，把辅导员作为学生教育管理的多面手，不断地向辅导员部署各种各样的工作任务，为促进工作还制定各种各样的考核指标体系。辅导员的职责和身份不明确，不得不卷入浩瀚的事务性工作中，与学校各职能部门工作发生交叉，常常处于"联络、协调、转介"等协调性、兼任性角色叠加的无形压力中。任何涉及与学生思想、学习、工作、生活等方面的事情，学校职能部门都要求辅导员协同配合，辅导员成了奔走于、服务于各个职能部门的勤务员和"多面手"。例如，辅导员要协助就业指导中心开展就业指导和就业统计；协助组织部进行学生党员的发展及教育活动；协助后勤处进行宿舍卫生教育工作；协助心理咨询中心做好新生心理普查和心理咨询等工作；协助财务处催缴学费等。辅导员还要完成各类职能部门需要统计的各类数据、报表、材料汇总等。这些琐碎的非本职日常事务性工作消耗了辅导员大量的时间和精力，角色实践的繁重性，多重领导、多头管理、多重考核，必将导致辅导员对角色领悟与角色实践的偏差。辅导员的工作状态也由"使命自觉"转变为"命令驱动"，与学生的关系也由教育、服务转变为管理与被管理、指挥与被动服从的状态。这些都明显偏离了现代思想政治教育"育人"本质的要求，偏离了辅导员真正进行立德树人、思想政治教育的核心工作，导致辅导员本质职能的抽离，无法深入思考和开展思想政治工作。已有学者通过实证研究表明，当辅导员应然角色和实然角色扮演之间不一致性最小时，辅导员的工作满意度是最高的。

辅导员岗位职责的泛化和内容的过于抽象与辅导员工作的职业化、专业化发展形成一定的矛盾。辅导员承担的职业责任成了高校其他人员的职业责任"零余"部分的"加总"，这就导致辅导员职业责任过重。大量本应由其他行政管理者完成的职责，不断侵占着辅导员的工作时间和空间，稀释着辅导员思想政治教育和价值引领的真正职责，这必然会模糊大众对辅导员职业的认知度和接受度，影响辅导员专业化、职业化、专家化的发展。

2. 职业认同感低，角色冲突

高校为辅导员角色设立的功能是日常思想政治教育和管理工作，但随着时代变迁，社会、高校对这支队伍的角色期待变得越来越丰富和饱满。

学校希望其成为人才培养的主力军，学生希望其成为能够为其答疑解惑的人生导师和知心朋友，家长希望其能够成为孩子的"第二监护人"。这些角色一方面可以说明辅导员岗位对于学生成长成才的重要性；另一方面，不同群体对辅导员的各种期望，来自不同的方向，指向不同的内容，影响着辅导员日常工作的内容与方式。要求辅导员要根据不同情况进行角色转换。但现实中多重的角色期待、多样化的角色要求，使得辅导员在多重角色转化中产生了对角色认知和理解的偏差，形成了角色冲突。比如，双重管理引发的角色冲突、多样岗位职责引发的角色冲突、社会评价与自我评价引发的角色冲突。

二、职业群体数量与职业专业化发展质量之间的矛盾

辅导员队伍的专业化是提升辅导员队伍建设质量的逻辑起点。辅导员队伍的建设，数

量、结构、质量、效益都是关键性要素，但最具基础性、核心性和决定性的是辅导员专业化发展的质量。推进辅导员队伍专业化发展必须在"量"的建设和"质"的建设两方面下功夫。"量"的建设就是高校辅导员要优化配备，按照教育部总体上师生比 1：200 的比例设置专职辅导员岗位，把辅导员足额配备到位。"质"的建设就是要优化提升辅导员的职业胜任力，走专业化发展的道路。辅导员"量"的建设是辅导员专业化的前提和基础。如果辅导员配备不足，会降低大学生思想政治教育和学生工作的覆盖面从而影响思想政治教育的实效性。辅导员"质"的问题解决不好，特别是在辅导员个体胜任力上出现短板，辅导员就会产生本领恐慌，出现所谓的"木桶效应"，会影响辅导员队伍的整体工作效能的发挥，制约辅导员队伍的整体发展建设，影响高校立德树人根本任务落实的质量和效果。

（一）结构性配备不合理，专业化程度低

人才的合理配置既是队伍建设的重要环节，同时也是队伍专业化发展能否成功的关键要素之一。随着高职院校人数的扩招，高校招生数量和在校人数大量增加，而且随着高等职业教育形势不断变化，学生成长成才问题与日俱增，种种现实情况要求辅导员以更强、更过硬的专业化职业素养来为学生的成长成才保驾护航。高校辅导员队伍进入了数量和质量上的高速发展期，大部分高职院校都努力按照教育部 1：200 的要求配齐专职辅导员，辅导员学历和政治面貌有了很大的提升，辅导员队伍建设方面有了长足的进步。但应该看到，还存在一部分高校由于缺编、受专职岗位设置数的限制等原因，辅导员数量配备不达标，甚至还存在劳务派遣、人事代理等聘用辅导员。而且辅导员与学生人数的配比在高校间、专业间、年级间还存在差异和不均衡的问题，辅导员配备在专业结构、学历结构、年龄结构和性别结构等方面还存在不合理的问题，这些问题都影响着整体辅导员队伍的专业化建设。

1. 专业结构

目前很多学校在辅导员选聘上主要看重学科出身与教育对象群体的相关性，不注重专业限制和入职匹配。根据教育部令第 43 号《普通高等学校辅导员队伍建设规定》要求，辅导员的选聘条件学历底线应该是硕士，而且要求具有从事思想政治教育工作相关学科的宽口径知识储备，掌握思想政治教育工作相关学科的基本原理和基础知识，掌握思想政治教育专业基本理论、知识和方法，掌握马克思主义中国化相关理论和知识，掌握大学生思想政治教育工作实务相关知识，掌握有关法律法规知识；同时具备较强的组织管理能力和语言、文字表达能力、教育引导能力、调查究能力，具备开展思想理论教育和价值引领工作的能力。理想状况下辅导员的学缘结构应该以思想政治教育及相关学科为主，但是在高校辅导员选聘和录用中，大多数高校都没有对辅导员的专业和学科背景做严格要求，辅导员学科支撑多样化和宽口径，几乎没有专业标准，不注重考查辅导员的思想政治相关理论知识。很大一部分辅导员缺乏马克思主义哲学、思想政治教育、教育学、心理学、管理学等相关学科的理论知识和专业背景。在混杂的专业背景下，很多不具备思想政治专业知识储备和学生管理相关学科专业实践的教师基于现实待遇、就业压力、继续深造的"跳板"

或"制度"安排和行政要求被招聘或选调到辅导员岗。这些教师选择辅导员岗位并非出于职业兴趣和专业理想，而是基于工具性思维取向，职业选择的动因是出于无奈和功利，对辅导员职业没有认同感和自豪感，职业忠诚度不高。他们在做学生思想政治教育工作时，由于其专业理论知识的匮乏和专业能力的欠缺，在应对学生出现的问题时会出现方法和手段的失当和失灵，使得其思想政治教育话语能力与从事思想政治教育工作现实需求之间存在很大差距，在教育和管理学生中不能正面有效地回击、控制和破解各种错误思潮、大学生关注的热难点问题，无法真正有效地解决学生深层次的思想问题，使得高校思想政治教育的效果无法获得有效的保障。目前高职院校辅导员团队成员来源比较单一，更多以校园招聘为主，辅导员团队的跨界性属性不足，很少有区域、行业、企业的大国工匠、技术能手和劳动模范进入辅导员团队中，而且"双师型"教师从事专职辅导员或兼职辅导员的人数占比更低，这样不利于加快学校与社会产业、企业、行业的交叉融合，辅导员与专业、职业教育的交叉融合，辅导员专业结构和人员构成的失衡将不能满足学生对思想、知识、专业发展等方面的多样需求，不利于促进学生的职业核心素养的提升。

2. 学历结构

目前高职院校辅导员在学历结构上，一线专职辅导员大部分都是本科及以上学历，具有博士研究生学历的占比相对较低。然而，学历与辅导员的职业适配度并不是简单的线性正相关。

3. 年龄结构

高职院校辅导员队伍中 35 岁以下青年教师占比高，队伍过于年轻化，"老中青"合理梯队没有形成，缺乏富有经验的骨干力量和传帮带的领头人。辅导员整体偏年轻化，工作年限偏低，不利于工作的传承和队伍的长期稳定。辅导员绝大多数都是从应届毕业生中选拔出来的，他们与学生年龄相差不大，与学生之间有很多相似之处。从思想意识上看，年轻辅导员思维活跃、善于接受新鲜事物，这样有利于消除代际鸿沟，更利于走近学生，了解学生的心理特征，拉近学生之间的心理距离，产生情感交流共鸣；从身体状况来看，他们精力充沛，更能全身心地投入工作，能承担较大工作量，能适应较长时间的工作强度。但同时也应该看到，青年辅导员由于知识积累、生活阅历和社会实践相对单一，而且很多没有经过必要的学习培训和岗位实践就匆忙上岗，他们对高职教育的改革发展理念和人才培养模式不了解，只能按照本科学生的教育管理模式来开展工作。这就使得他们在面对和自己年龄相差无几的高职学生缺乏必要的号召力、感染力、引导力，对学生产生的专业方向选择、友情泡沫、职业生涯规划、"三观"困惑、人生抉择等问题无法给予必要的梳理与咨询。对于学生现实生活中由学校、社会、家庭、企业相互交叉复合作用所带来的苦恼更是缺乏有效的专业化指导，这将导致辅导员对学生开展的教育和管理实效性差、教育效果不佳，很难承担起学生人生导师的重任。

4. 性别结构

在性别结构上，高职院校辅导员中女性居多，男性辅导员相对较少。女性辅导员由于承受着工作、家庭、育儿等方面的压力，使得她们在岗位上投入不足或因为角色协调不好而引发职业倦怠问题。

5. 职称结构

在职称结构上，多数高职院校辅导员还是以中级职称居多，副高级及以上占比相对较低，存在"两头小中间大"的现象。

辅导员结构的"数量不足""学历不深""年龄、性别不均""职称不优"等队伍结构配置性缺陷，都会导致辅导员队伍建设"基础不牢""潜力不足"。只有解决这些来自队伍结构性配置的矛盾，才能真正发挥辅导员队伍的专业作用，促进学生的健康成长。

（二）培养培训未成体系，针对性不强

高职院校辅导员工作是集理论性、实践性、时代性和实效性为一体的育人工作。辅导员要胜任本职工作，需要具备扎实的思想政治教育理论基础、广博深厚的多元知识结构、专业的实践技能和丰富的社会阅历。目前，高职院校辅导员专业背景的多元化、职前培训的缺乏和不到位，使得辅导员入职后的职业培养培训承担了辅导员专业知识教育和职业能力提升的重要作用。高职院校对辅导员的培养培训可以增长辅导员的学识，查补知识和能力上的漏洞和不足，拓宽个人视野，提升职业竞争力，为辅导员走专业化、职业化发展道路提供坚实的保障。但现实层面高职院校辅导员的培养培训还存在不均衡、不匹配、不到位等问题，无法真正满足辅导员职业能力提升的内在实际需求。

1. 理论体系尚未构建

辅导员工作是"做人的工作"，是一个高度讲究科学和艺术的工作。辅导员队伍的专业化就是要以科学完善的学科体系为基石、以专业话语为介质、以专业知识为支撑。辅导员岗位由"关于这一专业的知识"和"为这一专业的知识"两部分构成，前者是指从事该专业实践的核心知识，后者则是指从事该专业实践的辅助知识。《高等学校辅导员职业能力标准（暂行）》《普通高等学校辅导员队伍建设》等文件的出台，使得辅导员专业领域的学科知识体系界定越加清晰，明确这一职业，其学科不仅需要包含思想政治教育领域对应的扎实的哲学社会科学理论知识和马克思主义理论素养，还需要具有匹配于学生成长成才需求并能够帮助学生学业指导、心理健康教育、职业发展教育等方面的心理学、生涯理论相关科学知识，以及掌握学生日常管理、危机干预等方面的专业思维、方法与技能。可以说，辅导员的话语体系及其学科建设是这支队伍专业化建设发展的基础。但是，目前国家尚未构建高校辅导员专业学科理论体系，很少有学校开设学生辅导专业，这就使得辅导员工作缺乏专业话语权。现实中辅导员岗位主要是以思想政治教育学科为依托，未构建起体现辅导员岗位时代性、特殊性、规范性的辅导员专业理论基础和实践技能。目前针对辅导员培训和研修的基地和实施机构几乎全部是本科院校，这就造成高职院校辅导员的培养培训缺乏针对性，没有体现出"类型教育"的特色，也无法契合高职辅导员现实工作中的真实诉求。高职院校辅导员职业发展需要的"关于这一专业的知识"和"为这一专业的知识"的学科支撑尚未形成清晰的范畴和系统的范式，这将影响高职院校辅导员培养培训的

专业影响力。

2. 培养培训不到位

近年来，教育部和各地各高校都在积极加大辅导员培养培训力度。在培训标准、资金投入和培训要求等方面越来越重视，辅导员上岗培训、研修培训、专题培训广泛开展。但是，很多高职院校对于辅导员的培养培训还是重视不够。有些学校辅导员的培养培训尚未纳入学校师资队伍和干部队伍培训的整体规划。有些高校即使有培训计划，但是在执行环节还存在缺失，导致培训制度经常停留在文件层面，随意简化的不规范现象时有发生。辅导员定期培训、挂职锻炼、日常培养等制度尚未建立，促进辅导员良性发展的机制尚未形成。这就使得辅导员队伍无法满足新形势下思想政治工作、职业教育改革和辅导员自身专业化发展的要求。

在培训的层级与次数方面，针对高职院校辅导员的培养培训主要以学校培训为主，省级及以上培训数量相对较少。辅导员参加校级、省级、国家级培训的平均次数逐级递减。近年来，教育部组织的辅导员骨干培养培训，每年分配的辅导员培训名额更倾向于部属和省属高校，职业院校的名额非常有限。对于庞大的辅导员队伍来说，那只是"单兵训练"，只有极少数的辅导员能够参加教育部的高层次培训。同时受资金、人数、名额分配等因素限制，高职院校很难保证每一名专职辅导员能够满足每年参加不少于 16 个学时的校级培训，每五年参加一次国家级或省级培训的国家要求。培训问题已严重影响了高职院校辅导员的专业化进程和适应性能力的提升。

在培训的内容与方法方面，针对高职院校辅导员整体的培养培训规划和分层分类培训体系尚未构建。"大一统"不分层次的培训内容，无法区别地、有针对性地把握不同学历层次、专业背景、年龄、性别和职业发展阶段的辅导员的发展诉求，直接影响培养的针对性和实效性。在培训中注重专项业务培训，对于理论素养、基础能力大都采用自发学习方式自行开展。在培训目标、培训内容与培训方式上还存在对本科院校的路径依赖，未凸显出职业教育的特色，缺乏实践性、针对性和跨界性。培训内容庞多而不精，空泛而缺乏重点，专业性和拓展度不足。特别是培训内容事务重于思维和方法，理论知识和实践技能不能深层对接，学校和企业在培养培训中不能深度融合。在培训形式多为专题理论授课的情况下，采取集中培训，人数众多，难以针对新时代辅导员在学生工作中出现的新情况、新问题，进行个性化、针对性的具体指导。在培训方式方法上，缺少现代化、网络化的转型，很少有"情景模拟"、挂职锻炼、社会实践等实操环节，无法充分调动辅导员学习的积极性和参与度。

（三）"问题解决"为目的，偏机械化倾向

高职院校辅导员先天学科背景的多元性，后天专业培养培训的不到位、缺乏针对性，以及辅导员工作内容的复杂化和工作方式的重复化，导致辅导员在工作中出现以"问题解决"推进工作为目的，重回应学生现实利益需求，轻思想价值引领的工作重心偏离。目前，针对高职院校辅导员的培训，侧重于专题和事务类培训的比较多，即使有理论培训也

对理论背后的思维素养重视不够。很多辅导员在认知上缺乏对思想政治教育重要性和必要性的重视，对学生开展思想政治教育经常是行政性的安排，按照相关要求应付考核开展几个专题性的主题教育活动，甚至出现随着年级的上升，思想政治教育工作的重视程度呈现递减的趋势。辅导员在实际工作中，总是满足于学生只要不出安全大问题即可，认为思想问题是隐性问题，因而忽略对学生深层次思想问题的研究和教育工作。

随着社会转型和高等职业教育内涵式发展的不断深化，学生在发展成长中会遇到各种各样的复杂问题，有社会的、日常生活的、经济的，但更多的是意识形态和价值观的思想问题。大学生的任何外在问题都是其自身思想政治和精神状态的最真实体现。辅导员在应对学生繁杂的学业、就业、情感、人际等现实问题时，由于辅导员对思想政治教育认知的不到位，理论知识、理论思维和方法技巧方面的缺乏，造成辅导员对学生事务性工作与思想政治教育及价值引领之间的联结缺乏深入的思考，总是无法避免程序化、机械化的倾向，超越经验主义和事务主义的局限，难以将思想理论教育和价值引领这一统帅性的职责贯穿渗透到其他教育、管理、服务的工作范畴中；难以站在理论的高度，从学生整体素质发展和变化的教育情境出发，针对学生的现实问题精准发力，运用思想政治理论的弹性，正视、提炼、解决学生深层次的思想问题。这样辅导员就会逐渐成为思想政治教育的被动参与者，常常处于工作思维和经验思维的束缚中，以解决问题、完成任务为最终目标。长此以往，会导致辅导员专业化发展在一定程度崇尚方向模糊和章法失序，辅导员也会丢掉自己的专业身份，变得目光短浅，陷入头痛医头、脚痛医脚的机械化局面，成为庸俗的事务主义管理者。教育部43号令中把"思想理论教育和价值引领"确定为辅导员的首责主业。辅导员工作如果只是围绕解决问题，而忽略问题背后的思想教育，这将使得思想政治教育工作犹如空中楼阁，辅导员专业化发展成为无源之水、无木之林。因此，辅导员在实际工作中必须把解决学生的实际问题和思想问题结合起来，才能在解决实际问题中增强政治引领的针对性和有效性。

（四）适应内生规律不强，缺乏时代契合度

1. 条块化工作模式

在国际国内社会进入"调整＋转型期"，社会思潮多元多变、改革开放持续推进和高等职业教育大变革的时代背景下，高校思想政治教育由传统走向现代的过程中逐渐呈现出自身存在的复杂性和综合性。例如，互联网背景下教育方式内容和学生思维结构的新变化，"知识爆炸"背景下科学技术更迭的加速化，开放背景下多元文化和社会思潮交叉影响的多样化和隐匿化，新媒体背景下学生诉求的个性化，贫富差异背景下学生资助工作的复杂化，学分制条件下学生培养的人文化，就业政策"双向选择"背景下学生就业工作的市场化等问题。这些问题都需要发挥思想政治教育的协调与整合作用，确保在实施过程中发挥整体性力量和综合性作用。思想政治工作是涵盖教育各方面的立体式、广维度的工作体系。为更好地推进大学生思想政治教育工作，"德育一体化""三全十育人""课程思政"等"大思政""大德育"理念不断被提出，在政府引导下积极探索学校、社会、家庭和学

生等组成的多方育人机制，凝聚育人合力，从而实现多方面、多角度、多层次育人。思想政治教育的协同已成为应对社会问题复杂化、社会思潮多元化、社会心态极端化的主要渠道。

思想政治教育系统内和系统外的互补的、协同的、互动的育人主体间的良性互动有助于推进思想政治教育的实施。但在思想政治教育实际协同过程中，思想政治工作条块分割比较严重，各自为政现象比较普遍，各个要素之间由于沟通缺位、信息隔阂、资源分散、协作匮乏而导致的思想政治教育演化运行中的消散、分化乃至对抗，在一定程度上使"思想政治教育出现严重'碎片化'现象。大学生思想政治教育工作队伍主体由学校党政干部和共青团干部、思想政治理论课教师和哲学社会科学课教师、辅导员和班主任等三支队伍组成。面对"大思政""大德育"教育环境的变化，很多高校的辅导员队伍专业化建设仍然停留在守住一亩田、闭门造车、"单打独斗"的状态。"三全育人"格局下需要辅导员在因势而变的环境中，打造立体化"育人圈"，学会以大局观合力发展、协同成长，学会"借力"，不断寻求、调动与整合各方育人资源，为学生创造良好的育人环境与氛围。但目前辅导员的工作模式主要是条块结合的"个人包保制"，即每位辅导员在对班级学生教育管理工作负责的基础上，承担条块专项工作，如党团指导、心理健康教育与咨询、网络思想政治教育、就业指导等。一方面，虽然这样的工作模式有利于明确主体责任，对学生实行网格化管理，要求辅导员成为学生工作的"通才"，精通"十八般武艺"，但客观上却导致很多辅导员的专业素养和职业技能停留在"万金油"或"泛专业"的状态。另一方面，此种模式忽略了辅导员的"价值理性"，不同年限、不同学历、不同职称、不同胜任力的辅导员工作任务"同质化"、岗位职责"大而全"、考核评价"一刀切"，难以区分辅导员的专业化程度，无法激发辅导员的工作积极性和主动性，也无法发挥"专家型"辅导员的"标杆"和"引领"功能，长此以往势必造成辅导员的职业倦怠，累积专业化发展的"负效应"。虽然大部分高职院校已成立协调思想政治工作队伍建设和推动思政工作的领导机构，但是机构的协同成效不明显，部门间、个体间协同的壁垒还未破除，育人合力还未形成。学生思想政治工作队伍还处于"散兵作战"的状态，在专业化发展道路上还没有同行伙伴督导。

2. "类型教育"特色不凸显

高职教育重在打造高素质技术技能人才，但很多辅导员对职业教育人才培养目标不明确，在学生教育管理中还沿用着普通高等教育的范式，工作内容、工作形式、工作方法都没有凸显出职教的特色。职业院校办学特征决定了高职院校辅导员承担着培育学生工匠精神、劳动精神、服务产业结构调整、产业技术升级的重任。辅导员需要遵循职业教育的"类型定位"，积极探索思想教育与工匠精神有机融合的有效途径，而目前高职院校辅导员对上述培养需求的快速反应不够及时。我国高等职业教育经过多年的探索与发展，形成了"校企合作、工学结合、产教融合"的教育教学机制，高职教育成为横跨教育界和经济界的教育，教育管理情境更具开放性、职业性和实践性。学生教育环境、教育主体、教学内容和教育方法产生巨大变化。教学空间从教室转移到生产车间或田间地头，教学场域的空间拓展使得教学更加情境化、趋向真实感，也使得学生会出现长时间脱离学校思想政治教育视野的情况。教学主体由先前的专业教师扩展到企业人员和技工技师，情境化教学的不断深入，使得教学系统中教师与学生、师傅与员工、教师与师傅的关系在不断互换中互动融合。教学方式也逐渐由理论教学转变成情境教学、项目活动等浸润式教学，学生在越来越接近未来真实工作的场域实习、实践。高职教育管理情境不仅包括学习情境，也包括工作情境。学习时空、学习方式、教学主体、企业管理理念和方式的差异和变化，使得高职学生进入了一个更加开放的思想空间，在接触社会、认知社会，接触职业、适应职业的发展过程中，会让许多高职学生在观念意识、心理素质、身份转变上难以适应"工学结合"的人才培养模式，学生会在思想层面发生多层面、多样性的变化。这就对高职院校的学生思想政治教育提出了新的要求。

辅导员作为高职院校思想政治教育的骨干力量，却对职业教育变革中出现的工学结合、工学交替的学生事务管理、学生心理调节、学生职业素养提升活动设计等新的工作内容反应不及时和出现不适应的情况。高职院校辅导员主要由青年教师组成，社会阅历浅，普遍缺乏行业、职业发展知识和行业企业实践经验，对职业教育改革发展内涵不清晰，没有职业教育中十分重要的职业经历与体会，这就造成辅导员缺乏职业教育能力，不能依据职业教育培养目标，结合专业培养目标和职业岗位需求，构建有针对性的学生职业素养教育实践活动，无法真正深入参与到学生的实习实践活动中，引导学生形成良好的职业素养，形成诚实守信、爱岗敬业、勇于担当的职业道德，积极主动、精益求精的职业态度，做到"教育性"与"职业性"的有效融合。而且辅导员受制度限制，无法介入专业培养过程，不能在真实的实习实训、顶岗实习中零距离地解决学生的职业适应、职业期待、职业发展等思想问题。而参与实习指导的教师，受高校影响更关注实习就业率，他们在实习中更关注学生的职业技能，对于学生的思想问题和困惑关注较少。高职学生世界观、人生观、价值观尚未定型，受外界干扰，思想波动比较大，在学生实践过程中，专业教师和辅导员对学生的思想政治教育和职业素养教育出现脱节现象，将大大削弱高校思想政治教育的实效。

第四节　高职院校辅导员队伍建设的推进策略

长期以来，高职院校辅导员没有明确的专业要求和发展路径，这一队伍的发展远远落后于高职教育的改革和发展。本部分从高职教育"类型定位"的视域积极探索高职院校辅导员队伍专业化发展的路径。

一、明确角色定位，立足思想政治教育主业

思想政治工作是学校教育事业的重要一环，高校必须提高和重视对思想政治工作人才

的思想认识，明确建设方向。高校必须从坚持中国特色社会主义办学方向和实现中华民族伟大复兴的战略高度来认识思想政治工作的重大意义，从意识形态关系国家安全的高度来理解高等教育思想政治工作人才队伍建设的重要性和紧迫性。在加强新时代思想政治工作的背景下，作为学校思想政治教育工作队伍中重要角色的辅导员，要贯彻党的教育方针、落实立德树人根本任务，充分认识到自身在培养社会主义建设者和接班人，推进中国职业教育现代化中的独特地位和重要意义。高校要把立德树人作为辅导员队伍建设的基本目标和方向，让辅导员回归职业的本体规定性，牢牢掌握对广大青年学生的意识形态的领导权，始终把培养德智体美劳全面发展的社会主义建设者和接班人作为根本任务和目标，把思想政治教育作为重要职责和首要使命。

（一）加强顶层设计，明晰角色规范

高职院校要始终坚持把立德树人作为根本任务，把思想政治教育贯穿于教育教学的全过程，就必须明晰辅导员的角色规范。明确表述清楚辅导员的职业身份、角色定位、具体服务的工作场域和服务对象。明确限定高职院校辅导员做什么，做到什么程度；不允许专职辅导员做什么，应当怎么做。明确辅导员的权责，可以为辅导员角色扮演提供可靠遵循。

随着职业教育改革的深入和社会发展，高职院校辅导员的角色内涵更为丰富，角色责任也更为繁杂。关于辅导员的职业定位和岗位职责在制度层面虽然有明确规定，辅导员的角色定位是高校从事思想政治教育的骨干力量，是促进大学生成长成才为核心的教育者、管理者、服务者，辅导员的首要和根本角色是"思想政治教育工作者"，但在工作现实层面上，"上面千条线，下面一根针"，主业没做好，副业做不完，长期重复性和超负荷的工作强度却是辅导员工作最真实的写照。因此，高校必须解决辅导员队伍角色泛化、权责不明的问题。辅导员工作应然与实然的矛盾冲突已成为限制辅导员队伍专业化建设的重要矛盾。只有目标清楚、权责明晰、任务清楚、阵地明确，才能彰显出辅导员专业化的影响力。

1. 完善责任制度，明确思想政治教育的主业

高职院校要重视党中央对辅导员队伍建设的相关文件精神的落实，把辅导员队伍建设提升到与教学科研工作同等重要高度来看待。重视辅导员的政治待遇，厘清辅导员的角色定位、岗位职责和工作边界，不再让辅导员游弋于教师和行政管理干部之间，改变对辅导员管理"重用不重管"，只强调辅导员行政工作完成情况，而忽略对辅导员在教育教学、科学研究等方面的培养。高校要保证辅导员回归其本职、承担其责任、发挥其理论教育和价值引领的直接优势，为保证高等职业院校培养高素质的大国工匠、能工巧匠的目标贡献力量。同时从高校领导、职能部门到专业教师形成共识，真正改变只要学生有问题就是辅导员有问题的错误认识，从而减轻辅导员承担的大量职责范围之外的责任与压力。高校要依据教育部关于辅导员队伍建设的相关规定和文件要求，从实践层面精准定位辅导员职责范畴、服务对象、权利和义务、时间投入等内容，形成配套的制度保护与保障，从而确保

辅导员权责匹配，让辅导员回归思想政治教育的主业。明确思想政治教育和价值引领、塑造学生的思想品格是辅导员最重要的职责和最根本的任务，坚持做好辅导员职责所规定的"应然"，促进辅导员职业认同的提升。同时，学工部门和各学院分管学生工作的干部要将制度放在前面，要为辅导员群体实现个人价值和社会价值打通发展通道，做好辅导员接受指令和开展具体工作的保护和指导，保证辅导员能够将主要的时间和精力投入思想政治教育工作中，能够时间充裕、精力充沛、理直气壮地开展思想政治教育工作。对学生深入开展马克思主义理论教育，引导大学生树立崇高理想，坚定理想信念，树立正确的世界观、人生观、价值观，培养学生成为拥护共产党领导和中国特色社会主义制度的高素质技术技能人才、能工巧匠、大国工匠成为辅导员岗位的首责主业。

2. 发挥先进典型引领作用，提高职业认可度

通过多种方式加强对先进典型的宣传与传播，注重发挥先进典型的引领作用，营造尊重辅导员、认同辅导员的良好风气，从而使高校内部各类行政、专技、教辅和全体师生充分正确认识到辅导员职业的重要性、专业性和不可替代性，使得辅导员岗位在高职院校岗位类型中具有较高的认可度和美誉度，让广大辅导员安心从教、舒心从教、静心教育。同时，高职院校可通过实施"新进教师必须有辅导员经历"等措施，引导广大教师通过亲身实践和体验辅导员工作，认识到辅导员工作在促进学生树立坚定理想信念和健康成长成才中的重要作用，转变"辅导员工作可有可无""谁都可以干"的观念，强化对辅导员岗位的认可度。同时要尊重辅导员的潜能、经验、创造力和自我意义的实现，积极为辅导员的生活和工作创造便捷条件，改善生活待遇和工作条件，这样才能让辅导员产生强烈的职业责任感、认同感，从内心热爱和敬畏本职工作，增强群体归属意识，以激发辅导员的职业精神和情感。

3. 厘清各职能部门的责任，规范工作流程

高校要完善各职能部门的岗位职责，构建起辅导员与非学工部门的协同工作系统。解决辅导员多头领导问题，进一步理顺工作对口关系，这样才能进一步明确辅导员的工作界限，理顺辅导员与各职能部门之间的关系，尽量避免辅导员直接面对行政部门领任务的现象。同时，高校要完善学生管理和服务的制度体系，建立起学生与职能部门的直接联系，如建设好"学生事务服务大厅"和线上"电子服务一站式办事平台"等。这样可以减轻辅导员事务性服务工作成本，精简各行政部门对辅导员职业角色期待所引起的工作压力，把那些本不应该由辅导员承担的事务性行政工作剥离干净，从而在制度层面对辅导员的双重角色给予制度"保护"，帮助辅导员走出事务性工作困境。辅导员只有目标明晰、任务清晰、阵地明确才能把更多的时间和精力"归还"给思想政治教育和价值引领工作，才能彰显出辅导员职业的专业属性。

（二）强化角色认同，增强专业发展内驱力

辅导员的自我职业角色认同及清晰的自我定位是保证其个体内部专业化发展的重要动力，即辅导员的专业化建设与发展是建立在角色认知基础上，在其"职业锚"形成并拥有

相对稳定的状态基础上。辅导员个体要认知角色的重要性和辅导员的职业意义，站在"培养什么人，如何培养人，以及为谁培养人"这一高度来客观看待辅导员在高校日常思想政治工作中的地位。辅导员角色的政治性与特殊性决定了其角色是任何职业都不可替代的。辅导员要自觉履行"思想政治教育和价值引领"的职业使命，要努力成为先进思想文化的传播者、党执政的坚定支持者，更好地担负起学生健康成长指导者和引领人的责任。辅导员在任何时期，都要把立德树人贯穿教育的始终，提升自身的工匠精神，以理想信念教育为核心，把思想理论教育和价值引领工作作为辅导员工作的核心要义，将其置于先导地位，自觉提升职业使命感和身份认同感，树立主人翁意识，建立强烈的专业意识，要坚定不移、不折不扣地贯彻落实好习近平新时代中国特色社会主义思想，不断优化自身的管理理念和教育目标。

辅导员要拥有强烈的身份认同感和自我角色感，并对此建立强烈的专业意识，将专业化发展视为自身职业生涯发展的重要目标是辅导员实现专业化内涵式发展的一股重要推动力。针对现实工作中出现的角色模糊、角色冲突问题，辅导员需要从立德树人根本任务、新时代高校思想政治工作目标出发，通过目标进行有效调节。在目标实现过程中，通过协调长期目标、小目标、阶段性目标之间的先后次序和程度，来分清工作的重要和缓急程度。同时要学会正确认识和处理不同主体的角色期待带来的角色冲突，依据自身的实际情况促进协调，厘清职业边界和各行政主体之间的关系，聚焦引导大学生成长成才的教育实践，增强专业化、职业化发展的主动性和内生动力。在协调角色预期与角色认知的过程中，做到既目标明确，又灵活实践。

二、完善培养培训体系，立足高职教育实际

在深化高等职业教育改革，提升职业教育高质量内涵式发展，更强调培养高素质大国工匠、能工巧匠，鼓励学生全面发展和个性化发展的背景下，高职院校辅导员队伍的培养培训已成为解决辅导员队伍建设专业化、职业化矛盾最有效的办法，成为辅导员提升个人能力素质的规范化、科学化、有效化的必由之路。高职院校必须基于职业教育人才培养目标和高职院校辅导员核心能力的实际要求，构建与国家辅导员队伍建设政策和高等职业教育发展目标、宗旨相契合的分层次、多形式、重实效的辅导员培养培训体系，这样才能打造出一支极具战斗力、创新力和凝聚力的辅导员队伍，才能保证高职院校辅导员队伍优化的效果。

（一）锁定核心能力，完善培训内容

高职院校要把辅导员的培养培训纳入师资培训规划和人才培养计划，在把握《普通高等学校辅导员队伍建设规定》工作职责培训导向基础上，根据职业教育类型特征、高职学生群体特点逐步构建以提升辅导员职业核心素养为目标的培训理论框架，不断完善高校辅导员岗位培训机制体系。辅导员工作的核心能力不是日常事务管理中所体现出的通用能力和一般能力，而是在辅导员能力整合基础上经过深层次的剖分、提要、凝练、叠加而形成

的综合性深度能力，是能够保持辅导员长久竞争力和高效完成工作任务的立足点，是隐含在辅导员工作实践中的关键品质和重要能力，是区别于其他职业的最具价值性和不可替代性的特殊专业能力。聚焦高职院校辅导员核心能力的提升，从核心能力特性角度出发，提升辅导员的职业核心能力，可以增强辅导员职业的社会认同，提升辅导员的职业地位和职业公信力。

1. 思想政治教育理论素养

高校要把立德树人作为教育的根本任务，把社会主义核心价值观教育贯穿于教育教学的全过程，要把提高学生的政治觉悟和政治能力贯穿辅导员教育培养培训的全过程。过硬的思想政治教育能力是辅导员职业的基础，是发展高素质、高质量辅导员队伍的前提和保障。辅导员作为组织实施大学生思想政治教育工作的骨干力量和一线人员，特别是在专业背景非常复杂的情况下，辅导员必须接受专业的、系统的思想政治教育理论武装，这样辅导员才能真懂、真信、真用马克思主义理论，真正发挥出辅导员在立德树人中的实效。辅导员工作是一门科学，辅导员要走专业化、职业化道路，必须加强思想政治理论学习，要以科学的理论作为工作实践的指导，真正掌握以理服人的思想武器。这样才能保证辅导员的思想政治教育不会成为空洞的理论说教，真正达到说服人、教育人的思想政治教育效果。

理论思维是运用理论进行的思维方式，是用概念、判断、推理等形式把握事物发展的内在联系和规律的思维方式。高职院校辅导员队伍要实现专业化发展，就必须从理论层面把握思想政治教育规律、高职学生心理成长规律和辅导员工作的本质，把思想政治教育工作看作一个体系和结构，能从现象中找寻到本质、从个别中发现一般，从特殊中看到普遍性，能在学生日常的事务性问题中找寻到思想政治教育的契合点，从而促使辅导员脱离就事论事浅层次的、以问题解决推动工作的模式，从事物的内在规律和必然联系中认识问题和处理问题，达到对事物本质和规律的认识高度。

第一，要增加辅导员理论素养的知识培训内容。首先要为辅导员提供系统完整的马克思主义理论以及习近平新时代中国特色社会主义思想的理论知识培训，真正使辅导员能够学透彻、讲明白马克思主义基本原理和习近平新时代中国特色社会主义思想。辅导员宣传阐释党的理论的成效直接决定着立德树人根本任务的实现程度，决定和影响着高校人才培养质量。辅导员要从习近平总书记系列重要讲话中找依据、找指南、找信心，提高自身的理论水平，同时加强党的基本理论教育和党性教育。辅导员要研读经典、原著，把握思想史、学术史，努力寻找理论资源，彻底掌握马克思主义理论中每一个原理的核心要义和发展脉络，真正掌握以理服人的思想武器，善于把政治理论学习成果转化成强大的工作动力，使马克思主义思想成为辅导员队伍建设的"压舱石"，使得辅导员成为理论之师，在关键时刻不会"缺位"，不会"失声"，牢牢掌握住思想政治教育的话语权。同时，辅导员要认真学习习近平总书记系列重要讲话精神，要学准、学深、学透，不仅要从习近平总书记系列重要讲话中找依据、增信心，而且要研究制定落实措施，把重要讲话精神具体化、项目化、实体化，真正落实到人才培养的全过程和各环节。这样才能增强广大辅导员对中国社会的思想认同、理论认同、情感认同，才能真正实现辅导员对学生思想政治教育和价值引领的作用。如果辅导员对思想政治理论的认知不深刻、不到位、不准确，将会导致在对学生开展思想政治理论时断章取义，甚至出现歪曲、错误、教条化的现象，影响思想政治教育的价值导向和实际效果。

第二，要立足工作实践，培养辅导员在日常教育与管理中理论的敏感度和理论的概括力和阐释力，深化实践活动的理论内涵。要加强训练，强化理论思维的运用能力，在各种训练中，形成范式的思考思想政治教育的思维，不断提升运用理论思维指导教育实践的自觉性和能动性。一是要抓好对高职学生开展思想政治教育工作的时机，抓好重要节点、关键事件，着眼于事，以事促化。二是要从高职大学生实际出发，辅导员开展的思想政治教育不能脱离高职学生生活和高职学生特点，要符合高职学生需求，从实际出发，要以高职学生能接受和理解的方式有针对性地传道授业解惑，这样才能把思想政治教育做到实处，做到学生心间，达到入耳、入脑、入心，达到内化于行的效果。三是要在学生工作实践中做到知情意行的统一，辅导员开展思想政治教育工作必须注重认知、情感、态度和行动的交融，找准高职学生情感的"触发点"和思想的"共鸣点"，帮助高职学生系好人生的第一粒扣子，当好学生人生的引路人。同时，辅导员在理论运用、理论反思中挖掘出理论背后蕴含的科学世界观与方法论。针对新时代社会价值选择的自由化、多元化，辅导员在日常的工作实际中，不能只是简单模仿，而是需要进一步破解高职学生遇到的点滴而非线面、局部而非整体、单一而非系统的问题和困惑，需要运用更广阔的思维视角去认识、反思、积累、实践，提升思想政治教育工作的针对性和实效性，在知识学习、价值思考、实践运用中不断提升理论的实践厚度。在总结的过程中，辅导员要把零散经验升华到科学规律，把特殊性上升到普遍性，在实践中形成概括性、逻辑性和理论性的经验。辅导员要把理论思维培养的成果转化，要用科学严谨的学术成果展示出辅导员理论培养过程，为辅导员专业化提供理论借鉴。这样辅导员就能在日常思想政治教育和管理工作中掌握主动权，在实践中修炼出辅导员开展思想引领和育人活动的最重要的"武器"，把思想政治教育真正做深、做细、做透。

第三，要以培养高素质技术技能型人才、大国工匠、能工巧匠为目标指向。辅导员要立足思政教育的应然诉求和学生的成长需求，引导学生树立远大抱负和宏伟目标，以健康的、主流的、向上的价值观为指引，在应对传统与现代、理想与现实等激烈碰撞时，保持理性，将各种消极的、不利于大学生成长的、不确定的功利性因素排除在外，能将个体的全面发展与新时代发展达成同频共振，做德智体美劳全面发展的时代新人和实现中华民族伟大复兴中国梦的奋斗者。新时代，辅导员要站在为谁培养人、培养什么人、怎么培养人的高度和大局上，把思想政治教育和价值引领放在职责的第一位。在教育、管理与服务学生的过程中，辅导员要以党团班级建设、学风建设、日常事务管理及各种媒介为载体，开展多种形式的理想信念主题教育活动，将千千万万中国共产党人坚守理想信念、爱国报国的事迹讲给学生听。

2. 职业教育能力素养

高职教育的属性特征和培养目标决定了辅导员在学生教育和管理上与普通本科教育有着本质区别，他们承担着培育学生养成严谨专注、敬业专业、精益求精的工匠精神的重任。

首先，高职院校要加强辅导员对职业教育的认知培训，包括国家关于职业教育改革的重大决策文件，如《关于加快发展现代职业教育的决定》《现代职业教育体系建设规划（2014—2020 年）》《中国制造 2025》，以及国内外职业教育思想和发展历程，职业教育"校企合作"办学模式、"工学结合"人才培养模式、"理实一体"教学模式、"双师素质"队伍建设和"顶岗实习"学习方式等内容，不断培养和提升辅导员的职业教育能力和专业理论水平。这样辅导员才能在教育实践中帮助学生了解职业教育，了解技能型人才在社会主义建设中的重要地位和贡献，帮助学生树立正确的成才观。

其次，高职院校要以职业需求为导向，切实加强辅导员对工匠精神、劳动精神、创新精神等职业素养的认知培训，提高辅导员对学生职业素养的提升与企业行业岗位对职业素养需求之间的契合度，把学生培养成符合区域产业转型升级的高素质技术技能型人才。同时要以产业发展前景、职业发展、企业人才需求、就业择业、学生成长难点问题等为主题，开展辅导员职业教育能力的培训。依据职业院校学生就业取向强的特点，对辅导员的培训培养要在注重知识储备和技能培训的基础上，关注对辅导员的社会实践能力的培养，使辅导员掌握实践导向更强的技能，如团队协作能力、语言表达能力、问题解决能力、组织管理能力、自我管理能力和教育科研能力的训练。

最后，辅导员要在工作实践中，根据高职教育的特点，构建适应学生个人发展、社会发展需求，契合高等职业教育人才培养目标的学生职业核心素养培养。通过职业核心素养培养这一桥梁，发挥出辅导员在高校人才供应链与社会需求链之间的衔接作用。在工作实践中，辅导员要依靠专业知识、专业能力激发起学生对自我职业发展需求的主动认知，围绕学生具备的关键品质和核心能力来展开工作，通过教育引导学生理解企业文化，了解企业的运行方式，认同和执行企业对员工职业道德、职业态度、职业能力等方面的具体要求，接受辅导员职业素养提升的活动训练，从而推动学生与企业的"零距离"对接，为学生提升职业核心素养提供支撑和保障，为学生未来顺利就业、提升核心竞争力打下坚实基础。同时，辅导员依据职业教育属性，侧重实践和探索与职业相关的心理咨询、职业生涯规划、生活适应、学习能力提高、活动组织、企业文化渗透等工作内容，充分适应高职教育的要求。

3. 媒介素养的培训

在《高等学校辅导员职业能力标准（暂行）》中明确将网络思想政治教育作为辅导员开展大学生思想政治教育工作的职业能力之一。高职院校辅导员需要不断提高自身的媒介素养，以适应网络时代思想政治教育的新变化、新要求，熟练运用新媒体技术开展好思想政治教育和价值引领工作，真正占领新媒体的思想教育阵地，牢牢把控住网络话语权。

　　对于成长在新时代的"00 后"大学生，他们具有较强的主体意识和网络信息技术运用能力，新媒体的发展为学生提供了一个博大的信息资料库，其开放性、共享性、娱乐性的特征满足了新时代青年交往的需求。新媒体技术的发展能够激发他们网络政治参与的热情，赋予他们张扬政治个性的空间，较好地满足了"00 后"大学生的政治需求。但我们也应该看到，随着现代信息技术的普及，网络已成为国内外思想文化交流、交融、交锋的重要场所。网络语言作为一种新型的网络生活交流形式，通过各种虚拟平台，将各种非主流、错误的社会思潮倾入学生的学习生活，时时刻刻都在影响着大学生的认知判断和价值观。大学生正处于世界观、人生观、价值观形成和完善的关键时期，繁杂的网络信息充斥着庸俗媚俗的网络语言、不良的价值观念和错误的社会思潮，对于辨识善恶、真假能力还不强的大学生群体具有很强的冲击力，他们很容易受到影响而表现出非理性化、极端化的网络政治言语。新媒体的发展大大削减了传统思想政治教育的吸引力和有效性，使得高校思想政治教育话语面临着空间被边缘化、弱化，话语权被消解的危机。

　　如何在网络话语中做强主流舆论，维护社会主义意识形态安全，增强思想政治教育的科学性、感染力和有效性成为新时代辅导员开展思想政治教育的一项重大课题。

　　辅导员作为高校落实立德树人任务的重要力量，担负着对学生开展马克思主义教育、倡导社会主义核心价值观和维护国家意识形态安全的重要职责。辅导员要提升自己对学生所熟悉的新媒体载体的操作能力，以及依托新媒体与学生沟通的能力、舆情研判能力和创新思想政治教育的能力。

　　辅导员需要在夯实思想政治理论素养的基础上，提高信息识别、媒介参与运用、网络舆论引导和教育等能力，实现思想政治教育传统优势与信息技术的高度融合。掌握网络话语权是辅导员开展网络思想政治教育的重要举措。

　　一是要在网络阵地中，积极弘扬主旋律，传播正能量，维护好网络政治引领话语权利。辅导员要正视当前高校思想政治教育的"新生态"，把提升运用网络思想政治教育能力作为一项重要而紧迫的政治任务，要学会运用新媒体、新技术、新语言，主动作为、主动出击，牢牢掌握网络思想政治教育的主导权和话语权，要坚持"生活第一性"原则，自觉关注学生的现实生活，全面了解新时代学生的思想、价值观、性格和行为特征，了解学生关注的热点事件、焦点问题以及普遍感兴趣的话题，把握时代特征，及时关注并捕捉学生在网络中的思想动态以及大学生诉求的变化规律。根据以上情况，辅导员要做出教育工作的适时、适度的调整，对学生的价值诉求进行精确引导，用大学生熟悉的话语表达方式和熟知的网络交流互动形式与其建立起情感联络，根据学生关注的网络热点进行主动回应，积极打破话语壁垒，从而赢得学生的亲近认同，建立网络的情感联结。辅导员要把贯穿于中华发展的深切文化底蕴和民族精神与学生的日常生活融为一体，建构起既有主流价值观的思想引领又有热点事件的追踪评析，既有"大英雄"的英勇事迹又有"小人物"的温情故事的，与学生需求联合的"接地气"的思想政治教育内容。辅导员用"键对键"的网言网语，使得教育既有理论高度和深度，又有历史深度和生活维度，使得思想政治教育紧贴学生生活目标，充满学生生活气息，从而满足学生内在的精神和价值诉求，提升思想政治教育的实效。

二是要运用好网络政治引领话语权力。高校辅导员在开展网络政治引领工作中必须时刻保持自己的政治属性和教育属性，准确把握新时代大学生知识获取、信息传递、思想交流的新特征，要旗帜鲜明地讲政治、讲立场，不断提升在网络空间立德树人的工作本领，结合国情、省情、校情、学情开展网络思想政治教育，既要保持严肃性，又要增强感染力，让自己的话语能够真正具有感染力和信服力，以帮助大学生树立正确的世界观、人生观和价值观，进而使其成为社会主义现代化事业的合格建设者和可靠接班人。

三是要增强网络政治引领话语能力。辅导员要对学生网络信息痕迹进行跟踪，从学生碎片化信息中发现苗头和倾向性问题，能识别出学生错误的价值观念和不良的立场、观点。对于学生错误的观点要敢于亮剑，进行正面回击，增强主动性和引导力。辅导员要加强对学生社会思潮知识的普及，增强其判断力，同时围绕着理想信念教育、社会主义核心价值观教育，弘扬中华优秀传统文化、革命文化和社会主义先进文化，用正确的思想理论对学生的思想和价值进行引领，帮助学生明辨是非、澄清谬误。辅导员要主动占领微信、微博、短视频等新平台，通过线上线下思想政治工作的融合协同，使学生在潜移默化中接受思想洗礼和政治熏陶。

四是要提高对意识形态热难点问题的解析能力。互联网已然成为大学生最重要的沟通工具和典型特征。在互联网"观点自由的市场"里，当海量信息扑面而来，面对纷繁复杂的社会现象，大学生的世界观、人生观、价值观受到严重的冲击。高校辅导员要自觉掌握网络发展规律、意识形态理论、意识形态发展规律和意识形态工作等方面的知识，提高自身胜任网络思想政治教育的能力，时刻保持警惕警醒，认清网络意识形态工作的极端重要性和复杂性。辅导员要学会从网络碎片化信息中发现苗头性、倾向性问题，增强自身对社会问题、难点问题、学生关注热点问题的观察力、判断力、说服力和解释力，根据教育对象特征和需求，对学生的思想观念进行精准化解析。

（二）运用"理实一体"理念，完善培训方式

辅导员专业培养培训存在两种模式，即对辅导员内在的自我教育和对辅导员进行外在的培训培养。

1. 培养培训聚焦内生动力

辅导员培养培训应更加突出辅导员在专业化发展中的主体地位，提高职业认同，提升其主动成长、主动学习意识，最大限度地将辅导员的发展驱动力与制度的外在要求结合，从而促进辅导员积极进行自我学习和自我提升。个人的主观努力是实现辅导员核心素养提升的根本，也是实现职业成长的原动力，只有将职业学习培训融入辅导员个人成长学习系统中，才能全面有效地提升辅导员的职业胜任力和职业竞争力。

辅导员的培养培训要改变以往一味强调向辅导员"灌输"理论知识和专业技能的被动式、接受式的能力建设培训模式，要更注重辅导员内隐性的思想建设，唤起辅导员的主观能动性和进行自我专业提升的内在动力。在培训中强化辅导员的职业认同，帮助辅导员树

立职业使命感、责任感和自信心，强化职业专业化、职业化发展的自主意识和内在动力。将对学生开展思想政治教育作为自己奉献能力的重要使命，并自觉加强理论素养的提升，树立主动学习、终身学习的理念。立足学生群体，时刻了解和关注学生的焦点和热点问题，不断根据学生的诉求来调整、补充、更新自己的知识结构，重建自己的知识体系。能够运用新思维、新方法、新手段，解答学生成长成才中遇到的各种矛盾和困惑，成为学生真正可信赖的人生导师和知心朋友。辅导员站在思想政治工作的理论前沿，要沉下心来不断加强学习和实践，组建研究团队、开展专项研究、交流协同创新，在日常工作中带着问题开展调查和研究，做到"工作中研究，研究中工作"，把日常的工作积累和理论研究融合起来，在思辨研究中推动、激励辅导员工作的科学性、合理性和专业性，形成辅导员工作的精品项目等具有理论价值和实践应用成果的科研成果。这样辅导员才能像专家一样发挥专长，成为学生真正的引渡者和启蒙者。

辅导员要在工作中有强烈的紧迫感和不甘落后的精神状态，主动对标一流，能够结合自身专业、兴趣、优势和不足等情况，不断地自我探索、自我成长、自我反思，主动探索专业化、职业化发展的目标和方向，有针对性地设定自己的职业发展方向和目标，不断激发工作潜能，充分发挥主观能动性和创新能力，形成并提升思想政治教育工作能力的自觉意识，主动完成职业能力的优质输入，将先进的教育管理理念和方法应用于学生的教育、管理、服务工作中，增强辅导员职业能力提升的可持续性，形成自己的工作风格，最终实现组织要求与个人目标的有机统一。

2. 培养培训坚持理论实践研究相结合

根据高等职业教育的属性特征，将辅导员核心职业能力培养分为思想理论、实践操作、行动研究三个模块，把提高辅导员思想理论的敏感度、政治辨别力和思想引领力与理论实践、理论反思相结合，在探究"原理""实践""反思"有机结合中，形成实践性、行动性研究成果，不断提升辅导员科学化工作水平。要在培养培训中把政治性、理论性强的内容讲明白、讲深刻，把重点问题、难点问题讲透彻、讲到位。同时要增加实践环节，综合运用情境教学、实践教学、案例分享、头脑风暴沙龙等方式方法，增加体验活动，提升培养培训的参与度和实践度，在参与实践中真正让辅导员做到知行合一，能将理论与实际问题结合，从而使培训学习由消极被动转化为积极主动，提升培训效果。

在培训目标上必须以辅导员核心素养为切入点，以辅导员专业化和职业化为导向。培训内容上强调理论与实践、全面提升与术业专攻、能力进阶与有序衔接相结合，考虑到不同层次、不同发展阶段辅导员的成长发展需要和层次，构建起分类分层的辅导员培养培训体系，切实照顾每一位辅导员的现实需求。根据《高等学校辅导员职业能力标准》中初级、中级、高级的辅导员职级定位，重新梳理辅导员职业知识和能力结构，明确高职辅导员培养培训工作实施的具体标准，依托课程模块、实践模块、研究模块，对辅导员进行全生涯、全业务、全方位的理论教学和实践指导，制定出辅导员职业成长不同阶段、不同层级、个性鲜明、导向明确、重点突出、合理完善的辅导员系统化培养培训方案，根据组织或个人职业需求开展有针对性的培养培训。

3. 培养培训全程化

高校辅导员工作是社会职业分工中一个需要多门专业知识和技能支撑，而又自成专业体系的社会职业。从辅导员专业化发展角度来考量，组织培养培训应贯穿于辅导员职业生涯发展的全过程，构建起培养、完善与提升一体化的辅导员"三段式"贯通的能力提升培训保障体系。一方面，要推进辅导员的岗前培训。上岗前要系统传授辅导员工作的基础知识、基本技能技巧及实务经验等，严格实行"先培训，再上岗"，只有培训合格，符合辅导员岗位基本能力要求的才能上岗。岗前系统的职业知识和职业认知的集中提升，能够消除辅导员职业不适，促进辅导员全面认识职业，了解职业内容，将个人职业规划与岗位需求相匹配，坚定职业选择，帮助辅导员搭建起职业能力提升的第一层台阶。另一方面，要重视对辅导员在职持续培训指导。在职专业培训是保障辅导员职业有针对性、系统性、专业性的提升的重要过程。高校要抓好工作节点，精准了解辅导员的职业发展需求以及不同时代、不同年级、不同专业学生的教育问题，有针对性地做好辅导员职业能力提升体系建设。另外，也可通过实施"导师制"，安排在辅导员岗位有较强职业认同和职业能力的"前辈"与新入职的辅导员形成"师徒"关系，构建起辅导员阶段化成长帮扶团队模式。按照辅导员个体不同专业化发展意愿给予个性化的定向培训和培养资源供给，加强对年轻辅导员个体职业生源的跟踪培养和动态指导，定期开展研讨以解决阶段性工作问题，从而达到促进能力提升的目的。同时要安排辅导员进行脱产和半脱产培训学习，实施包括课堂讲授、网络培训、小组讨论、案例分析、工作坊、教学实践、考察交流和素质拓展等多种形式的培训学习来强化辅导员的理论学习和业务能力。此外，还要加强学历进修培训，鼓励更多辅导员在做好工作的基础上攻读思想政治专业（高校辅导员专项）博士，向高水平的大学学习学生思想政治教育及学生事务管理的成功经验，并结合职业教育特点转化为促进高职学生管理的有效经验。

在做好专业化培训的同时，还要注重辅导员的日常培训和团队建设，学校要组织辅导员定期进行业务学习，通过多渠道、多形式开展沉浸式学习，根据辅导员的九项岗位职责定期开展培训，解决学生工作中出现的新问题。同时要注重打造辅导员团队，围绕着团队建设要素和特征、团队目标的一致性、团队成员技能的互补性、团队绩效的共享性进行辅导员的培训，从而实现辅导员团队建设的实力。

4. 培养培训注重效果评估

高校要注重对辅导员培养培训效果的跟踪和评估。培训学习的效果主要参照辅导员的主观评估，对学习、培训效果的评估可以从反应层面、学习层面、行为层面和结果层面展开。反应层面的评估是辅导员对培训活动效果的整体感受、整体满意度的评判；学习层面主要是指辅导员通过培养培训后在知识与技能、过程与方法、情感态度与价值观层面的收获和感受；行为层面是指辅导员接受培训后对知识的转化和实践程度，能否将所学运用于工作实践，并分析其与培训的相关性；结果层面是指在参加培训后，能够实现的最终结果，包括理论素养是否提升、专业技能是否强化、科研能力是否增强等。高职院校要高度关注辅导员培训学习后的实效和成长、提升程度，真正使培训学有所用、学以致用。

（三）搭建"校企合作"平台，创新培训模式

高职院校要创新培训模式，注重辅导员队伍整体素质的提升，避免因个体辅导员职业能力不足而造成的"木桶效应"。

1. 构建多层次多形式的培训体系

辅导员的培养培训要坚持国家级培训、省级培训、校本培训、学习考察、学位进修、社会实践、学术研讨、挂职锻炼等多层次多形式的培训体系，继续搭建辅导员入职学习、专题研讨和学历深造等专门平台，集中汇集高校、社会、企业等各方优质教育资源，组建起由高校著名学者、优秀辅导员团队、大国工匠、道德模范等组成的高素质培训团队。根据辅导员的工作年限、工作特征、专业成长需求构建起不同层次的长效培训机制，让辅导员在不断的学习和培训中更新理念、改进教育行为，以此来促进个人能力提升。

2. 校企合作搭建培养培训实践基地

高职院校要积极与行业领先企业深度合作，通过校企合作实现共建共享的方式，搭建辅导员培养培训实践基地。职业教育因校企合作决定了辅导员的培养培训必须建立校企协同的模式。高职院校要积极探索"类型教育"特征凸显的辅导员培养培训机制，充分挖掘企业丰富的思想政治教育人力资源和先进的企业文化，与学校合作的企业构建起辅导员共育模式。通过选聘兼职辅导员和建立德育实践基地等方式，让更多企业参与到辅导员职业教育素养提升的工作中。通过与企业签订辅导员队伍培养培训协议，根据辅导员入职年限、职业能力、实际需求构建起分层、分类的辅导员培养方案。实施辅导员校企共育模式，要求辅导员定期到企业顶岗实习、挂职锻炼，了解企业的核心文化、价值体系、职业理念和企事业单位对高职学生职业核心素养的需求，主动参与供需对接，协调学校与企业组织在育人中的异质性，参与到企业的员工职业素养培训、企业文化构建、人事管理与岗位绩效考核等方面的实践全过程，从而实现辅导员队伍建设的校企深度融合，切实提高辅导员职业教育能力，促使专职辅导员成长为"业内人士"，成为"双师型"的学生思想政治教育工作者。

3. 搭建辅导员学习发展平台

高职院校要充分利用互联网技术打造辅导员思想政治教育、日常学生管理、职业素养提升和辅导员骨干发展等网络思想政治教育平台、工作案例分享平台、工作情景模拟平台等，通过案例共享、经验共享、成果共享，真正促进辅导员队伍的共同发展、共同提升。辅导员可以通过网络平台接受党和国家的理论教育培训，充分利用好"学习强国""中国大学生慕课"等在线学习平台，"高校辅导员联盟""一直在路上"等辅导员工作公众号和"人民日报""光明日报"等思想政治教育学习平台，为辅导员增添更多的活力，促进能力提升的持续性。同时，高职院校要打造辅导员学习共同体，形成辅导员团队学习文化。在辅导员交流互动中实现价值观念的深度交流与融通。通过经常性的学习、交流、研讨活动，唤醒不同辅导员个体的培育动能，让辅导员有目的、有意识地聚合，在共同营造的学

习氛围中，开展理论研究和实践探索，强化辅导员的归属感、认同感、成就感，最终实现辅导员职业能力和专业水平的全面提升。

三、提升专业保障能力，拓宽成长空间

目前，高职院校辅导员队伍存在整体专业化程度不高、结构不合理、职业发展道路不通畅、职业认可度不高等问题，这些问题很大程度上都与辅导员制度建设有关系。由此可见，支撑和引领高职院校辅导员专业化、职业化、专家化发展，离不开制度层面的建设和保障。制度导向能在辅导员队伍建设中发挥体制机制牵引力的作用。

（一）加强人员配备，优化队伍结构

高职院校要从辅导员的工作任务和团队结构优化的角度配备专兼结合的辅导员队伍。结合《高等学校辅导员职业能力标准（暂行）》对辅导员职业能力的划分，辅导员队伍的专业化建设应做到队伍内部的协同创新，形成"梯队式互助、层级型成长"的内部队伍结构协同优化模式。在横向方面，合理调控专职辅导员、兼职辅导员两支队伍的人员比例，科学设置两支队伍的工作职责，确保辅导员总量稳中有升；在纵向方面，构建以中级为主，初级、中级、高级搭配合理的职称队伍结构，构建年龄、性别、专业、学历层次、性格特点、兴趣爱好搭配多元化的人员配备队伍结构，从而保证辅导员团队的梯次发展、工作的互补性和团队的稳定性。在队伍专业化发展的过程中实现"横向分块协同互助、纵向分条以老带新"的格局，进而逐步形成相对稳固的内部协作模式，推进辅导员的专业成长。

1. 完善辅导员准入机制

科学严格的选聘准入机制是保证辅导员队伍政治强、业务精、纪律严、作风正的前提，是提升辅导员队伍专业化建设的基础性条件。高职院校应依据国家行政指导标准，结合职业教育特点，制定出科学、严格的选拔标准。严格落实辅导员准入制度，提高选聘资格和标准，是辅导员专业化建设的第一道关口，科学有效的选拔机制可以有效保障辅导员的能力建设。高等职业教育具有职业教育的本质属性，又具有高等教育的教育属性。因此，高职院校在辅导员选聘中既要严格根据国家《高等学校辅导员职业能力标准（暂行）》中对辅导员职业能力标准的要求来制定，不能违背国家的大政方针，又要符合高职教育特色，制定符合学校办学特色的辅导员准入标准和任职资格条件。辅导员从业者的职业准入标准的科学化是国家和高校应该综合化考虑的重点问题，这样可以把真正具有辅导员职业素养和专业化培养的有志青年吸纳进辅导员队伍，避免将不适合、不能胜任辅导员岗位的人员或不能安心从事辅导员工作的人员吸纳进辅导员队伍，确保高校思想政治教育骨干力量的供给质量。

2. 构建科学的选拔聘任机制

在辅导员选聘时应该按照《高等学校辅导员职业能力标准（暂行）》中的职能要求，在专业背景方面要求具有思想政治教育、管理学、教育学、社会学、心理学以及就业指

导、职业教育、学生管理等人文社科类的专业背景，而且要思维活跃，具备创新意识和吃苦耐劳的职业品质。辅导员选拔中要把政治标准放在首位，特别是在选聘上要把文件中"抽象"的政治要求进行量化解读，设定可考核的指标体系，要把理想信念坚定、能够贯彻党的基本路线、执行党的方针政策、具备政治敏锐性和鉴别力、有专业能力做好思想政治工作的优秀人才选拔出来。

3. 规范选拔程序和选拔流程

高职院校要加强党对辅导员招聘工作的领导，成立由党委书记为组长的辅导员招聘工作领导小组，小组成员包括校长、分管学生工作的副校长、人事部门领导、学工部门领导等。在招聘全过程要秉持公平、公开、公正的原则。招聘流程包括笔试、面试、公示三个环节，从思想政治素养、专业知识、问题解决能力、团队协作能力、心理素质等多个维度，通过"师德""能力""知识""行为"等多方面的素质来考核辅导员的综合职业素养。本着优中选优的原则，真正把高素质、有情怀、爱岗敬业的优秀人才选拔出来充实到辅导员队伍中。在辅导员经历专业笔试、结构化面试之后，还应该对辅导员的政治素质、身体素质、心理素质等进行综合考核，在工作试用期满后要对辅导员进行客观的、全面的考核，把真正符合辅导员岗位特征的优秀的辅导员留下，把不符合和不能胜任的调离辅导员岗位。

4. 构建校企专兼结合队伍

要依据职业教育校企合作日益紧密的特点，构建一支专兼结合的辅导员队伍。高职院校应把从企业中选聘兼职辅导员作为思想政治教育队伍建设的一项重要工作。积极构建由劳动模范、企业大国工匠、行业企业领军人物、企业一线骨干、人力资源管理人员构成的兼职辅导员队伍，负责对学生职业道德、职业生涯规划、职场适应等内容的补充，形成思想政治教育的协同模式，从而补充和优化现有辅导员队伍。

（二）优化绩效考核体系，拓宽发展路径

绩效考核体系是针对员工工作态度及其行为表现，在组织内部建立的评价系统。它是以员工岗位说明书为制定基础，科学选用适合的绩效考核方法，建立的一套系统的、科学的、较为完整的评价员工工作行为与结果的指标体系。高职院校要建立有利于辅导员成长的长效机制，构建以提升思想政治教育工作质量为中心的辅导员绩效考核评价体系，从而能够对见效周期长、工作效果具有内隐性和成果难以转化的辅导员工作予以合理的考评。

1. 绩效考核要加强顶层设计与时代合拍

当前，国家提出要建设专业化的辅导员队伍，对职业教育人才培养的目标是培养更多高素质技术技能人才、能工巧匠、大国工匠。辅导员绩效考核要以职业化、专业化为目标，加大对辅导员思想政治素质、道德品质、职业教育素养、媒介素质等新对代所需职业核心素养的考核，提高考核主体的专业性和考核流程的科学性，并且在考核中采用现代化的手段，从多个层面有针对性地对辅导员工作进行考评。

辅导员的考核要改变先前侧重于定岗明责、绩效评判的工具理性的考核方式，而应该

更侧重于职业价值导向和育人目标导向的"价值理性"的考核方式。站在"构造层次模型、建立判断矩阵、计算权重向量、一致性检验"的步骤，建构科学合理多维度的绩效考核指标体系，既注重考量可量化的工作业绩，又要突出对思想政治教育素养、职业教育素养、媒介素养、育人能力等做实质性评估。辅导员职业能力的绩效考核应按照理论和实践两个维度，站在"一专多能"的考核视角，统筹定性和定量分析，建立辅导员多元化评价机制，打破目前存在的唯科研、唯奖项、唯论文的评价指标体系，设立教学、管理、科研等多序列的职称评聘标准。在考核中合理科学地体现层次性，丰富辅导员职业绩效的衡量维度，真正把辅导员队伍专业化建设建立在育人实效上，建立在落实立德树人根本任务的目标实现程度上，为辅导员职业化、专业化发展保驾护航，真正让辅导员"留得住、升得起、上得去"。

2. 绩效考核要注重均衡过程与结果相结合

考评做好数量与质量、日常与重点、创新与常规、过程与结果的结合。现行的辅导员绩效考核中普遍存在着重成果、轻潜能，重个人绩效、轻团队绩效，重定性、轻定量的问题。因此，在绩效考核的优化中要充分均衡上述三点，使考核能真正具备操作性和有效性。辅导员的考核既有学校层面对其工作的整体评价，其中包括日常性的辅导员工作和辅导员个体的创新工作，考核要体现特色和工作差异；还有来自学生层面对辅导员的评价，因为辅导员工作的直接对象是学生，学生对辅导员的工作比较了解和熟悉，学生对辅导员的工作态度、专业能力、职业道德等都有比较直接的感受。学生的评价能够直观地反映出辅导员思想政治教育的时效性。学生可以依据辅导员思想价值引领能力、日常学生管理能力、心理咨询和辅导能力、指导学生就业与创业能力、班级管理和建设能力等模块，对辅导员的育人实效进行阶段性评价。因此，辅导员的考核要坚持以学生"获得感"作为检验质量的重要标准，以学生作为重要的考核主体。高职院校也可以通过学生的思想观念和行为表现来检验辅导员思想政治教育工作的效果，把对学生的评价作为辅导员职业能力成长的有效助推器。在考核工作中要重点从辅导员工作态度、敬业精神、实际付出及学生满意度等方面来考核，减少即时性的显性量化考核指标，做到公正、公平、全面、客观的评价。

3. 绩效考核要发挥激励奖惩作用

绩效考核的目的，不仅是对辅导员工作进行的评估，更是要通过考核来促进辅导员工作的改进和提升。如果对考核结果不形成反馈及运用的机制，只能让绩效考核流于形式。因此，高职院校应重视精神激励和制度激励，将考核结果作为绩效改进、薪酬发放、职业晋升等的重要依据。以利促之、以罚款鞭之，这样才能真正发挥绩效考核作用，形成良好的工作氛围并取得更好的工作效果。

高职院校要根据辅导员思想政治教育工作的特殊性，着眼于辅导员岗位职责和工作内容多样性和复杂性的特点，重点突出考核的激励性因素，统筹目标和责任激励，唤醒辅导员工作的主动性和积极性，增强其职业的使命感、归属感和自豪感。高职院校要切实将考核评价结果与辅导员职称、职级晋升紧密联系起来。把辅导员工作中考核优秀的辅导员按照"双线晋升"政策予以职称、职级的职务晋升。依据职业发展理论，帮助辅导员做好职业生涯发展规划，并为其搭建良好的职业晋升平台。依据国家关于辅导员"双线"晋升的政策，辅导员的职业发展是立体的，不是平面和一线的，辅导员的发展可以设置行政维度，也可以走专业技术维度。这样既能够帮助辅导员实现职业发展的专业化、职业化，又能促进辅导员队伍的稳定，提升辅导员的职业认同和职业价值感，激发辅导员工作的积极性和主动性，可以把辅导员职业变成一项终身从事的事业。同时，对那些对待学生工作漫不经心，对新知识、新技能麻木，长期忽视学生思想引领，得过且过、不思进取，绩效考核结果不合格的辅导员作出岗位调整，对不适合、不愿意从事辅导员工作且严重失职的辅导员进行淘汰，必要时将其清退出辅导员队伍。这样才能优上劣下，双路并举，畅通辅导员发展通道，保证辅导员队伍"职业肌体"的生命力，切实保障辅导员工作努力有方向、职业上升有渠道、专业发展可持续。

参考文献

[1] 余敬斌. 工匠精神培育与高职思政教育有效融合的理论与实践研究 [J]. 黑龙江教育学院学报，2017（8）：53－55.

[2] 廖鹏. 论工匠精神培养与高职思政教育的有效融合 [J]. 产业与科技论坛，2022（1）：105－106.

[3] 管小青. 高职思想政治理论课培育学生工匠精神的路径探索——基于职业核心能力到职业信仰的视角 [J]. 高等职业教育（天津职业大学学报），2018（1）：39－43.

[4] 谭璐. 工匠精神培育与高校思想政治教育的有机融合研究 [J]. 大理大学学报，2018（7）：70－73.

[5] 赵柏林. 班墨文化中工匠精神融入高校思政教育的研究 [D]. 沈阳：沈阳建筑大学，2019.

[6] 张陕豫. 论工匠精神培养与高职思政教育的有效融合 [J]. 办公室业务，2022（6）：46－47.

[7] 童敏. 社会工作理论 [M]. 北京：社会科学文献出版社，2019.

[8] 王占仁. 中国创新创业教育史 [M]. 北京：社会科学文献出版社，2016.

[9] 陈秉公. 学习习近平关于教育的重要论述探索高校立德树人创新体系 [J]. 思想教育研究，2018（10）：10－13.

[10] 陈雪芳. "融" 时代背景下班主任工作转向：从实体思维到关系思维 [J]. 基础教育参考，2019（14）：22－23.

[11] 方晓义，袁晓娇，胡伟，等. 中国大学生心理健康筛查量表的编制 [J]. 心理与行为研究，2018，16（1）：111－118.

[12] 冯刚，张发政. 中国共产党百年红色精神谱系引领时代新人培育 [J]. 中国高等教育，2021（5）：4－6.

[13] 冯刚，王莹. 习近平总书记关于时代新人重要论述的基本内涵与时代特征 [J]. 湖南大学学报（社会科学版），2021，35（1）：1－3.

[14] 高凯，杨恩泽. 区块链赋能：互联网时代高校思想政治教育困境破除与创新发展 [J]. 黑龙江高教研究，2020（11）：118－121.

[15] 何成. 全面认识和理解 "百年未有之大变局"[J]. 理论导报，2020（1）：1.

[16] 李海娟. 新时代高校实践育人路径探析 [J]. 思想理论教育，2021（8）：108－111.

[17] 刘翔. 关于当前高校辅导员队伍建设的几点思考 [J]. 思想理论教育导刊，2013（6）：120－122.

[18] 吕品，李朋伟，全艳，等. 新时代背景下对高校班主任工作的几点思考 [J]. 教育

现代化，2020（6）：85-86，102.

[19] 孟祥栋. 高校辅导员党建工作胜任特征分析——基于辅导员职业能力标准视角 [J]. 高校辅导员，2016（2）：16-19.

[20] 舒文琼，李梅峰. 立德树人视域下高校文化育人的功能实现研究 [J]. 教育观察，2019（27）：31-33.

[21] 王飞飞. 地方高校辅导员队伍建设中的问题与对策 [J]. 思想理论教育导刊，2016（1）：145-147.

[22] 王显芳，王鹏云，孔毅. 新时代高校辅导员队伍建设科学化研究 [J]. 学校党建与思想教育，2019（7）：72-74.

[23] 王秀彦，张景波，盛立国. 新时代高校辅导员队伍专业化建设路径选择 [J]. 北京教育（高教），2019（7）：144-146.

[24] 熊建生，程任波. 试论习近平关于人民获得感的思想 [J]. 马克思主义研究，2018（8）：105-114，160.

[25] 徐世甫. 网络育人：新时代高校思想政治教育新范式 [J]. 中国高等教育，2019（9）：50-52.

[26] 杨海波，安江燕，张丽芳. 新时代高校辅导员队伍现状及建设路径研究——以河北农业大学为例 [J]. 河北农业大学学报（社会科学版），2020（2）：122-126.